# 极简主义

MINIMALISM

## 如何掌控自己的生活和工作

简一·著

中国纺织出版社有限公司

# 内 容 提 要

极简主义是当下非常流行的生活方式，它引发人们对物品和关系进行深度思考：我们真的需要那么多物品吗？周边的各种关系带给我们怎样的感受？但极简主义并不是禁欲主义，也不否定物品的作用和社会支持，而是让我们在庞杂的生活中选取对自己真正重要的，与自己喜欢的物品、朋友在一起，把时间、精力和金钱都留给生命中让自己感受到幸福的事情上。以极简的方式去生活，这个转变不可能一蹴而就，我们一样会冲动消费、囤积物品、纠缠于负面情绪和沉迷于无用社交，但只要我们在日常生活中带着觉察，考量外界与现在的自我的关系，就能过上更少更好的极简生活。

**图书在版编目（CIP）数据**

极简主义：如何掌控自己的生活和工作／简一著
.--北京：中国纺织出版社有限公司，2021.1
ISBN 978-7-5180-8026-7

Ⅰ.①极… Ⅱ. ①简… Ⅲ. ①社会生活-通俗读物
Ⅳ. ① C913-49

中国版本图书馆CIP数据核字（2020）第201590号

策划编辑：郝珊珊　　责任校对：高　涵　　责任印制：储志伟

中国纺织出版社有限公司出版发行
地址：北京市朝阳区百子湾东里A407号楼　邮政编码：100124
销售电话：010—67004422　传真：010—87155801
http://www.c-textilep.com
中国纺织出版社天猫旗舰店
官方微博http://weibo.com/2119887771
天津千鹤文化传播有限公司印刷　各地新华书店经销
2021年1月第1版第1次印刷
开本：880×1230　1/32　印张：7
字数：176千字　定价：48.00元

# 前言 极简，只为和喜欢的一切相偎

回想起几年前我的生活与状态，竟有种恍如隔世的感觉。

那时候，房间里除了大件的家具，还囤积着各种零碎物品，有些落满了灰尘，有些搁置在角落，想不起用，却又不舍得扔。衣橱里堆满了各种衣物，出门之前却总感觉没有一件合身的，每到换季收拾衣物都把自己累得精疲力尽。办公桌上经常堆满了书本、笔筒、杂物，还有囤积杂物的小竹筐，桌面的空间显得很逼仄，工作之前得先花点时间整理一番。

我不停地为家里、为自己添置物品，可它们并没有带给我更多的幸福体验，以及内心的满足，反倒是冲动消费过后，夜晚躺在床上的那一刻，萌生出一丝莫名的烦躁与焦虑。那些我带回来的东西，似乎也不是那么地喜欢，那么地需要。

如果说，拥有更多可以让人变得幸福，那么我应该很知足，可事实并非如此。我开始追问自己：购买和囤积物品对我的意义到底是什么？望着凌乱而逼仄的房间，我的脑海里不由地冒出了这样三个字——掌控感。

漫无目的地囤积，是内心混乱的信号，也是缺乏掌控感的表现，似乎是害怕失去，害怕错过。囤积的“废物”，带来的是形式上的充实，以及内心暂时的稳定和安全，让我在付账购买的那一刻，体会到对生活的掌控感。可惜啊，那一切都是假象。

忽然有一天，我厌倦了那样的日子，想换一种方式去生活：去繁就简。

坦白地讲，这并不容易。不是今天发过誓，明天就能够百分百地执行。不过，我确实开始尝试断舍离，丢弃无用的东西，或是把物品送给需要的人，让它们真正地发挥价值。偶尔依然会冒出冲动购物、囤积物品的念头，但至少脑子里会有一个提醒音：你是真的需要吗？你是真的很喜欢吗？如果不是的话，那就暂时放一放。

时隔一年后，家的模样、生活的方式、我的状态，都开始呈现出不一样了。

渐渐地，我开始喜欢上了这种极简生活，只添置真正需要并喜欢的，不再担心错过什么“好事”，也不用再为了繁杂的衣物零碎而耗费精力……我选择的，我留下的，都是我想要的。每一天每一刻，我都和喜欢的的事物在一起，享受它们带给我的便利和满足。

在尝试极简生活之后，我的安全感也得到了提升。我越发理解了，安全感就是我们内心长出来的盔甲——有些东西，没有了就没有了；有些人，错过了就错过了，敢于放弃和丢弃，相信还会有更新、更好的生活。

松浦弥太郎说过："认真对待每一段关系，就不需要太多的物品和朋友。"

细想来，人与物品的关系，其实就是人与自己的关系。物质也好，情感也罢，不必贪多，但一定要选择自己真正想要的。一旦因为其他原因，掺入了违和与勉强，纵然拥有了，也很难获得内心的满足，更难体会到它的珍贵。我们要的是选择生活，而不是被生活选择。

极简不是禁欲，不是苦行僧主义，它不是否定物的作用，而是要更好地利用物，为生活本身服务。身边没有繁冗的杂物，头脑里没有恼人的杂念，我们才能把时间和精力留给生命中最重要的人，以及那些让自己变得更幸福、更美好的事。

此时此刻，我正坐在窗前的电脑桌上，书写着内心有感而发的文字。

阳光铺洒在我的身上，温暖而轻柔；电脑旁是一只朋友送的精致水杯，里面浸泡着色泽清透的紫笋茶；桌子上除了美术灯、笔记本、扩展屏和鼠标，再没有其他的杂物。而我，穿着一身陪伴了自己两个春夏的棉质衣服，以及一双舒适的平底鞋，一切都是那么简单，那么平淡，可我的内心品尝到的却是如水蜜桃薄荷糖一样的甜蜜清新。

该怎样形容这种感受呢？想象一下，当你身边留下来的，都是自己真正喜欢的、真正需要的，没有任何的将就和凑合，是一种什么样的体验？

或许就是和自己喜欢的一切待在一起，东西不多，却每一样都爱不释手，且都被用到了极致。放眼望去，没有杂物的堆砌，又能保证生活的所需，在自身能力可承受的范围内，享受最好的东西，换得身心的满足。

一切更少，只为更好。

# 目 录

Contents

Minimalist
lifestyle

01

## 美好精致的生活，不一定要持有很多东西

把新旧物品都囤积起来，只是形式上的持有，本质上却并不能换来美好的享受。

——【极简便签】

去年，父母家拥有了新房子。他们让我做“参谋”，帮忙设计装修的样式，以及内饰的材料。我喜欢简约的风格，选择的色调也是以灰、白、淡绿为主，看起来静谧舒适。房子虽有两层，可整体面积并不算太大，毕竟家里人口不多，平日里也就父母两个人。我憧憬着，能在楼上给我留出一间书房和卧室，偶尔回来小住，也是不错的。

前后花了半年的时间，房子装修好了。通风了几个月后，又检测了甲醛含量，确认没有问题后，便迎来了入驻的时刻。这原

本是一件美好的事，而我也沉浸在自己的幻想中——有一间带着落地窗充满阳光的书房，和一间挂着遮光窗帘可以安睡到自然醒的卧室，周末或假期可以换一种环境来消遣时光。

理想犹如棉花糖一样的云朵，现实却犹如疯狂肆虐的北风，把一切都吹散了。

父母准备把原来老房的那套橱柜，放到楼下的厨房，这一决策被我当场拒绝了。那套橱柜买的时候就准备临时用一下，不是整体橱柜，是大小不一的单个柜子拼起来的，质量也不太好。况且，新家的色调都是淡色的，那套橱柜是暗红色的，放进来的话极不协调。

我的想法是，旧橱柜还是放在老房算了，在新房安装一套简单的新橱柜，价格也不贵，可用起来很舒服。毕竟，厨房是天天要用的，橱柜也是高频次使用的东西。父母听从了我的建议，安装了一套新的橱柜。之后，只是简单地买了一些家具，整个小家已经具备了实用的功能。

然而，时隔一个月之后，当我再次踏进父母的新家时，一种极其强烈的压抑感又冒了出来。我以为已经被舍弃掉的旧橱柜，不料已经被父母安置在了楼梯底下，摆成了一个L形，存放着一些杂物，里面有旧的碗筷、锅，还有一些其他的东西。客厅里还多了几把丑陋的椅子，让原本就不大的空间变得更加逼仄。再看其他的卧室，也多了一些无用的摆设。

刹那间，我恍悟——这是父母的家，不是我的家。我之前向他们传输的那些生活理念，是我的认知和活法，而不是父母的，我无权也无法让父母变得和我一样。身为成年的子女，我还是要退回到正确的位置上，与父母保持恰当的距离。我能够想象得到，倘若我把父母指责一通，换来的只能是彼此都不开心，各自都觉得委屈。

我想起了一部日剧——《我的家空无一物》，女主角的妈妈和外婆，在家里囤积了各种各样的物品，原本就狭小的空间全被物品占满了，人置身于其中，就像是在夹缝中生存。我跟父母在一起生活的那些年，虽未达到这样的状态，却也深有感触。

那时候，我们都还住在老房里。客厅的沙发上经常放着两三件衣服，有时甚至放着一摞洗干净的衣服，穿的时候直接拿；这样的情景，在卧室里也很常见；厨房里的各种锅，有的放在地上，有的放在灶台上……总之，一切都是凌乱的。在这样的环境里，经常会听到一种声音："你看见我的××了吗？找不着了……"

东西太多了，太杂乱无章了，找起来必然很费力。但问题的实质在于，原本应该囤放这些衣物的地方，被老旧的物件占得太满了。衣柜里的挂杆上，还有爸妈二十几岁时的大衣，床箱里还有他们结婚时的被面；厨房里那些老旧不堪的盘子和碗，也早就该从橱柜里消失了，毕竟一年都不会被拿出来一两次。

父母在早年的生活中，吃了不少苦，总觉得家里的一瓢一碗都是靠辛苦赚下来的，要他们把这些东西彻底扔掉，如同在割舍自己曾经的付出。尽管现在的生活条件好了，居住的条件也好了，但原来的生活习惯，以及根深蒂固的思想观念，却已在心里深深地扎了根。

在他们看来，一个物品、一件衣服，如果没有到破烂不堪的程度，就没有理由把它扔掉。不仅自己不能扔，也不允许别人扔，父母把我准备扔掉的东西捡回来，这样的事情不止发生过一次，他们认为这是一种“作”。

也许，真的是一代人有一代人的生活方式，可我偶尔还是忍不住会跟父母讲：“时代变了，那些不再穿的衣服，那些用不着的东西，该扔了就扔了吧，别总是舍不得。”

把所有的物品都囤积起来，新的舍不得用，旧的舍不得扔，在形式上是一种持有，可这种持有换来的是什么呢？是凌乱，是逼仄，是美好的东西得不到充分的享受，无用的东西又占据了太多的空间和精力。

在物资短缺的岁月里，谁持有的货物多，谁的生活就会好一些。可在物质丰盈的时代，生活已不再如从前，持有也不代表幸福，更不能等同于美好。因为拥有的物品，不一定都是我们真正需要的，也不一定能给我们带来美好的体验，但有一点可以确定，它一定会侵占我们的时间和空间，遮掩住原本可以更加精致的生活。

## 02 拥有的物品越多，人的能量被消耗得就越多

减少物品与无益的事，腾出时间精力留给更重要的人和事。

——【极简便签】

你有没有看过扎克伯格在Twitter上曝光的衣橱照？里面挂着数件浅灰色T恤和深灰色连帽衫，款式都是一样的，再无其他衣物。有趣的是，他为这张图配着一句诙谐的文字：“假期结束后第一天上班，我该穿什么呢？”

网友们不禁一笑，这还需要思考吗？这里还存在选择吗？随便拿一件就好了，反正都是一样的。的确，扎克伯格每次亮相的装扮，都是灰色T恤和牛仔裤，但这些衣服并不是随意挑选的，大部分都是来自意大利的某奢侈品牌，以羊绒、超级亲肤出名。

为什么在衣服方面，扎克伯格不给自己多一些选择？他说：“我每天早上起来，都有超过十亿人在等着我服务，我不想把时间浪费在那些无意义的事情上。在生活中，我总是尽量简单一些，少做选择。”

选择，就是要作出决策，而作出决策就要消耗精力。

你可能也有类似的体会：只是约朋友去逛街，或是为家里挑选家居，可大半天下来，却感觉无比疲惫。原因就在于，浏览物品的同时，大脑在不停地思考，为决策做准备：这个东西好不好？还有没有更合适的？

你可能还有这样的感触：办公桌上堆积了大量的文件和资料，还有你淘来的摆件、杯子、台历，每天工作之前，你都得花费时间去整理，有时为了找一份重要的合同要翻半天，核查到底哪一个才是你要的？

从这个层面来说，拥有太多物品，并非一件好事，甚至会成为负累。

我们的时间是有限的，一天只有24小时；我们的精力也是有限的，每日的黄金时段也不过几个小时。然而，我们必须要去做的那些事情，如吃饭、睡觉、工作、收拾家务、照看孩子，却是一样都不能省略的。除此之外，我们可能还有一些小小的个人愿望，希望能在忙碌之余，好好地读一本书，看一场电影，做一些有益身心的运动……做这些事情的时间和精力，要从哪儿来呢？所以说，时间管理与精力管理，就成了人生的必修课题。

我们没有办法拉长时间，也没有能力让自己变成精力无限的"超人"，但我们可以选择做这样一件事：精简不必要的物品，把时间和精力留给重要的人和事。

假如，每天早上只需要5分钟时间，就能解决上班穿什么的问题，那就可以把节省的15分钟时间用来做一套哑铃训练或唤醒瑜伽；假如，办公桌上整洁有序，文件归类清晰，就可以把找东西的时间节省下来，集中回复客户的邮件；假如，家里的物品减少一半，你就可以把周末收拾它们的时间节省下来，好好地享受一个下午茶。

物品的存在，应是为了提高生活的品质，这是"本"；因过多的物品，耗费掉了本可以用来享受生活的机会，这是"末"。这种舍本逐末的选择，得不偿失。实际上，生活过得好不好与拥有多少物品不是对等的关系，减少物品和生活中无益的事情，从而腾出时间和精力留给更有益的事情，我们会活得更从容，更自在。

03

## 谨慎地选择自己的一切，并对所选的一切负责

把关注的焦点收回到自己身上，抛开物品本身与自己相处，发现自我的内在价值。

——【极简便签】

是什么促使我开始尝试极简生活的？

对这个问题，我认真回想了一下，应该是衣橱。

每到换季之时，最令我头疼的就是收拾衣服。特别是从夏天到冬天，需要把那些厚厚的冬衣统一从床箱底下拿出来，放在好翻找的衣柜里。将其堆叠在床上筛选归类时，高高的一摞，看着就让人犯怵。彻底收拾完往往需要大半天的时间，站得腰酸腿疼。

疲累的时刻，我忍不住抱怨：这么多衣服，真是累赘！可

抱怨过后，却还是会忍不住添置新衣，让这种辛苦和烦恼循环上演。直到2018年的“10·1黄金周”，我在家整理入冬的衣服，烦躁的情绪涌上来时，我突发奇想：能不能对这些衣服做一个“断舍离”？

果不其然，那一次，我舍弃了很多衣服，衣柜清空了三分之二。

清理那些物品，就如同在清理自己的内心，我一面整理，一面质问自己：

· 我是如何把这些东西带回家的？

· 我是抱着什么样的心态把它们买回来的？

· 我的生活有没有因为它们的存在而发生好的改变？

· 我有没有频繁地穿这些衣服，并将其视如珍宝？

· 我每一次穿这些衣服的时候，是什么样的感受？

· ……

问得越多，越觉得惭愧。

有些衣服，是减价时买的，谈不上喜不喜欢，就觉得不买遗憾；有些衣服，吊牌都没摘过，当时是为了想买一件心仪的衣服，可逛半天没买到，就退而求其次了；还有的衣服是朋友送的，但自己一次都没有穿过，就一直囤积着。

常穿的衣服，似乎总是那么几件；常买的款式，似乎也总是那么几种。绝大多数的衣服都处于被搁置的状态，完全没有发挥它的价值。更悲哀的是，我还得不定期地去收拾清理。从这个角度上来说，这些衣服对我而言，完全是一种负担。

数着家里那些完全能够满足我日常需求的衣物，我为自己制订了一个极简生活的初体验：100天不买衣服。我想看看，不再给衣橱“添乱”的日子，会有怎样的不同？在这个过程中，还要继续清理不需要、不喜欢、不实用的衣服。

在执行的过程中，会有动摇的时候，比如经常光顾的实体店老板又在朋友圈曝出新款服装的图片，或者对一些衣物进行特价销售；偶尔跟朋友一起逛街，会被拉着试穿某件衣服，然后周围有人不停地以好看为由“怂恿”你买下……这时候，真的很容易动心。可当我一想起成堆的衣服摞在床上的情景时，我就能恢复一些理智，提醒自己：还想那么辛苦吗？还不能记住那些教训吗？这衣服你真的需要吗？

克制住当时购买的冲动，回过头再看，也便觉得可有可无了。在坚持了一个月之后，我明显感觉到，为收拾衣服花费的时间少了，衣橱也不那么容易乱了。在不断精简衣物之后，我大概每周只需要两三套衣服轮换就足够了，节省了很多精力。

没有尝试的话，我自己都不敢相信，100天的时间，大概3个月左右，不去添置衣物，并对现有的衣物持续进行筛选和清理。

等到100天过后，我的衣橱竟然比过去干净不止五倍！在心理层面，最初还需要刻意去控制购买的欲望，到后来竟开始逐渐享受不被新鲜衣物诱惑的自由。是的，这就好像摆脱了一种执念。

外国有一句谚语：三条路不如两条路，两条路不如一条路，一条路不如没有路。很多时候，选择多了，并不一定是好事。挑来拣去本身就是一种消耗，心累的同时买回来的又未必是真正需要或心仪的衣服。无节制、无目的地添置衣物，真的是一种浪费。

细想想，过去添置大量的衣服，90%都不是因为需要，而更像是满足自己的外在所需。当我把关注的焦点收回到自己身上，好像更能够抛开衣物本身与自己相处了，并去发现自我的内在价值。当我不再随随便便就带回一件衣服时，我和周围人的关系也在发生微妙的变化，在筛选物品的同时，我也在向外界宣告：我只要精致的，不为廉价而心动，也不会委屈自己去凑合。我会谨慎选择自己的一切，并对所选的一切负责。

04

## 认清欲望与需要，不被“伪精致”掏空身心

伪装的精致背后，是人的虚荣以及对社会和物质的过度崇拜。

——【极简便签】

如果你也经常刷手机新闻，想必应该看过这篇报道：“90后女护士欠几十万网贷被赶出门，为维持精致生活月花数万”。故事的情节并不复杂，没有高利贷，也没有诈骗，就是一个年轻女性为了维持所谓的“精致生活”，从正规贷款机构屡次借贷。在母亲为其偿还了23.8万元的债务后，她又去借贷，最后被母亲告知——你不是我女儿，你是领养的。

这位年轻的姑娘，就是普通的工薪族，每月拿着几千块钱的工资，可她崇尚并追求的生活是这样的画风：上下班只坐网约

车，中午吃饭叫外卖，路过星巴克必买一杯；休息日从不在家待着，约上朋友吃饭、唱歌、泡酒吧；只要喜欢的东西，就想买下来，几年时间换了十几块手表……尽管每次的支出不是很多，但频率很高，一天下来自然就成百上千。长此以往，就变成了无法承受之重。

这样的故事，并不只是个案，它戳中了当下不少年轻人的痛处：出门一定要打车，买包一定要奢侈品牌，手机非苹果不用，家电一定要选戴森……单纯去看每一项选择，倒也无可厚非，人人都有自己的喜好和需求，也有资格和权利去满足自己。不过，这里有一个重要的前提：你的消费能力与你的选择相匹配。

我认识一位在广州的女总裁，她很喜欢某奢侈品牌的鞋子，有时一次会买两三双。她经常要在台上讲课，需要不同的鞋子来搭配服装，而且她觉得这个品牌的鞋子非常舒适，长时间站立也不会太累。有时，买下三双鞋子可能要花费近6位数字，但她具备持续创造财富的能力。在可以支配的范围内选择最需要的、最适合的，才是真正的精致。

相关心理学家曾指出：伪装的精致背后，其实是人的虚荣以及对社会和物质的过度崇拜。在许多人狭隘的理解中，精致是有身份、有财富、有层次、有品位者的特权。所以，他们就把物质和消费作为精致生活的标准与寄托，当自身的能力无法满足这一点时，最容易做出的选择就是借助贷款去满足自己的心理需要。

从贷款消费的角度来讲：当想要满足某种欲望的时候，很多人会选择即时满足，哪怕是贷款欠债也不在乎。因为贷款不需要马上偿还，这种即时满足和延迟偿还，不会给当下的生活带来现实压力，故而就强化了借贷的习惯。

在经济行为中，人会受到心理账户的影响，总觉得现金才是血汗钱，微信、支付宝、信用卡里的钱是“虚拟”的，现金支付会真实感受失去钱的过程，而手机和银行卡支付，却会让人把电子货币的价值看低，人为地降低消费门槛。

之前，在人民日报的官方微博里读到过一篇文章，主题讲的就是“被伪精致掏空的年轻人”，我特别认同它的观点：精致，不全是物质堆砌出来的。年轻人偶尔超越自身能力高消费，不需要杞忧。但活得精致，往往不是体现在消费高端，而是体现在精神高贵；不是体现在锦衣玉食，而是体现在心灵丰盈。与其奔波于物质搭配的圈子里，徜徉于别人的阳光，不如使自己的人生更有价值。

法国女人被誉为是世界上最精致的女人，但她们眼中的精致是什么呢？不暴饮暴食，不蓬头垢面，穿着得体大方，注意细节和仪态，有独立的思想和见识……没有一样与金钱、奢侈品相关，而是精神思想、生活态度与习惯。

在物质条件允许的情况下，享受精致生活没有错。可若为了精致让自己负债累累，那就违背了享受生活的初衷。这种负债的精致背后，实则是内在的空虚与不安，仿佛那些东西可以让自己变得更有价值，把自己和不安焦虑隔离开。

很可惜，这样的做法只是徒劳，甚至是南辕北辙。事情的真相是：如果一个人的内在和精神都是匮乏的，如果他无法有效提升自身的价值，那么，他绝不会因为穿戴一身奢侈品牌而变得更有人格魅力，也不会因为用了最昂贵的物品而变得备受人欣赏。

极简生活，表面上看是倡导物品“少而精”，实则却是通过处理人与物品的关系，认清何谓需要，何谓欲望，从而摆脱生活的羁绊。就像梭罗在《瓦尔登湖》里说得那样：“我愿意深深地扎入生活，吮尽生活的骨髓，过得扎实，简单，把一切不属于生活的内容剔除得干净利落，把生活逼到绝处，用最基本的形式，简单，简单，再简单。”

## 05 外界是内心的镜子，囤积填补不了内在的匮乏

真正的安全感，来自与他人建立亲密友爱的关系，来自对真实自我的接纳，也来自对眼下所拥有之物的欣赏与珍视。

——【极简便签】

格雷厄姆是纽约的一位科技新贵，坐拥豪宅名车，甚至有专门的买手帮他选购家具。然而，这种疯狂购物的日子没能持续多久，格雷厄姆就对此感到无趣和麻木了。

当新奇的物品再也无法让格雷厄姆产生一丝一毫的兴奋感时，他开始扪心自问：我这是怎么了？为什么拥有了财富之后，我比过去更焦虑了？更让格雷厄姆痛苦的是，房子及其里面添置的各种物品，似乎正在一步步地“越位”，成为他的主人。因为，格雷厄姆要花费很多的时间和精力去照顾它们。

格雷厄姆说了这样一句话：“为什么拥有了财富之后，我比过去更焦虑了？”我相信，这个问题不只是格雷厄姆一个人的困扰，它可能是很多人，也许就是当下的你和我，正在向自己发出的疑问。

在我们的社会里，存在着一种意识形态：拥有足够多的财务，才能拥有足够的安全感。

这样的想法有其道理——解决温饱的食物和水，能够保暖的衣物，可居住的房子（无论租或买），这些都是我们生存的必需品，也是马斯洛需求层次理论中最底层的需求——生理需求。然而，绝大多数的现代人，已经可以满足这种需求，并拥有了那些东西。既如此，为什么还会感到焦虑不安呢？

答案就是，我们把需求和欲望、安全、舒适混淆了。许多人拼命地奋斗，为的就是拥有丰厚的收入、可观的存款、宽敞的房子，以及更多的生活用品。仿佛，获得了这一切，就能获得长久的安全感，甚至不惜牺牲正常的作息与业余生活。

拥有了这些，真的就能换来想要的安全感吗？

看过电视剧《人民的名义》的朋友，应该对里面的“小官巨贪”赵德汉印象深刻。这个骑自行车上下班、住简陋的筒子楼、吃炸酱面对付晚饭的吝啬小官，实则在一栋别墅里私藏了贪污来的上亿现金。没错，都是现金。

在贪污行为被揭露的那一刻，赵德汉说：“我一分钱都没花，全在这儿，我们祖祖辈辈都是农民，穷怕了，一分钱都不敢动。”我们看得出来，赵德汉真正的需求并不是金钱，因为他可以心安理得地过着朴素的日子，且贪污来的上亿资金，他分文没动。他真正想要的是，囤积金钱给他带来的安全感，只要闻着这些钱的味道，看看它们一点点地增加，他就觉得安全。早年的贫穷经历，物质上的匮乏，已经在他心里扎根了。这种匮乏，让他走上了错误的道路，当他用权力换来了大量金钱时，他依然没能拥有安全感。因为，他只敢囤积不敢花。

耶鲁大学的心理学教师玛格丽特·克拉克表示，安全感来自物质财富与具有支持性的关系。但是，为了得到安全感，人的心理也很容易失去平衡。

如何来理解这番话呢？人有保护自己的本能，会为自己争取生存的资源，如食物、衣服、住所等，这些东西组合起来，才会让人感到安全。如果对某种安全感的来源过分看重，就会不自觉地忽视其他的心理需求。

克拉克教授及其同事，通过两项调查和分析，得出了上述结论。她们还发现，那些在个人关系方面无法感受到安全感的人，通常都会觉得，拥有物质财富会让自己更有安全感。所以，如果你发现自己有囤积物品的习惯，很有可能是因为，你相信这些东西可以给你安全感。

亲爱的，现在你应该知道了，那不是事实。不要再过分依赖金钱和物质去弥补安全感，那是一个错误的方向。让我们回到文章的开始，再说说格雷厄姆，他是如何解决焦虑问题的。

答案是这样的：格雷厄姆卖掉了他的大房子，选择住在一间40平米左右的屋子里，床可以折叠到墙上，餐桌是可伸缩的，他有6件白衬衫，10只浅碗……是的，他没有这么多的物品了，但他却比以往过得都要舒适。

外在世界是内在世界的一面镜子，囤积外物往往是想填补内在的匮乏。很可惜，金钱和物质无法帮你实现这样的愿望。真正的安全感，来自与他人建立亲密友爱的关系，来自对真实自我的接纳，也来自对眼下所拥有之物的欣赏与珍视。

试着从囤积中走出来吧，将你拥有的东西极简化，尊重真正的需求，和真实的自己相处，才能慢慢在心底里长出安全感，那是任何外物都无法击碎的“盔甲”。

## 06

# 断掉不需要的东西，不让它们进入自己的生活

如果“扔”只是为“买”创造更充分的理由，

这样的“断舍离”毫无意义。

——【极简便签】

刚开始尝试极简生活时，我把“扔”当成了核心。

每隔一段时间，我就要把家里彻底整理一番，旧的衣物、鞋子、书籍、物品，不喜欢的全部扔掉。不过，我在购物方面并没有太大的改善，无论是在网上还是在实体店，依旧会对那些“感觉还不错”的东西下手。

然后，我就掉进了一个“怪圈”，不断地扔，又不断地买，周而复始。结果就是，家里的物品不过是以新换旧，并没有减少太多，而我的时间和精力，依然被那些外物捆绑着。

极简生活需要“断舍离”，但真正的“断舍离”是什么？那时的我，懵懵懂懂。

后来我发现，像我一样片面认识“断舍离”的人，并不在少数。有些网友分享说，几乎把家都要“扔”空了，表面看起来是轻松宽敞了不少，可过后才发现，有些还需要用的东西，也一并被扔掉了，还得重新购买。

如果我们的“扔”，只是为“买”创造更充分的理由，这样的“断舍离”，其实毫无意义。想要开始极简生活，享受极简带来的美好，我想还是应该先弄清楚“断舍离”的真意。

在“断舍离”中，排在第一位的是“断”，何谓“断”呢？

在我看来，“断”，就是断绝那些不需要的东西，不让它们进入自己的生活。换而言之，就是要从源头上去解决问题，即哲学家说的“如无必要，勿增实体”。不停止盲目添置物品的行为，再怎么扔，都只是以新物代替旧物，没有本质的区别。

“断”的核心，表面在于物质，实则在于心灵。

我们在内心深处能够对物品的价值进行理性判断——它仅仅是我想要的（欲望），还是我真正需要的（需要）？这是一个重要的自我提示。心灵上的“断”，就是要抵制各种各样的诱惑，只专注于最简单质朴的必需品。

有了这样的自我提示后，我们就会逐渐清醒：如果一件物品只是出于想要（欲望），却没有实际的用途（价值），抑或在生活中的使用频率较低，把它带回去的结局会是什么样?

可以想象得到，就是被束之高阁，任由它侵占家里的空间。而我们却要在未来的日子里，为这个没有太多实际用途的物品，消耗时间和精力去收拾整理。当这样的物品一件接一件地被带回来，家里的空间就会越来越拥挤，越来越逼仄。

新鲜有趣的物品，总是层出不穷的，身处在万花筒一样的世界，我们时刻都要面对诱惑。“断”的目的，就是要我们摘下欲望的面具，看清楚自己真正需要的是什么。因为我们对很多东西的追逐，通常都不是源于需要，而是因为被欲望牵制，或是随波逐流，抑或出于世俗虚荣，才陷入了对物质的迷恋中。

每个人的心中都有一个阳台梦，坐着舒适的摇椅，沐浴着温暖的阳光，吹着徐徐的微风，手里捧着一杯热茶或咖啡，眺望着远方……可回到现实中，我们的阳台往往变成了晒衣坊、杂物室、储物间，囤积着一堆不用的物品，而自己却要小心翼翼地才能找到一处下脚之地。

这样的生活，是我们想要的吗?这样的生活，主角还是我们自己吗?

每天晚上躺在床上时，不妨回想一下：支撑自己这一天生活的物品到底有哪些?我们真正需要的东西，有没有想象中那么多？这样的反思，往往会让我们惊讶，就如同苏格拉底到闹市逛了一圈后，最后感叹：这个世界上，原来有那么多我并不需要的东西！

07

## 把有限的空间，留给真正有价值的物品

舍弃的过程会让我们更加清楚，哪些东西是自己真正需要和喜欢的。

——【极简便签】

告别了盲目添置物品的习惯后，我们可能会惊喜地发现：再看到许多新奇刺激的物品时，内心不会荡起巨大的涟漪了。因为有一个声音在提醒我们：这是你需要的，还是你想要的？

但，仅仅做到这一步，还无法让生活变得简单精致。毕竟，总有一些需要的物品会被我们带回家，在空间有限的条件下，我们要为这些有价值的物品腾出更多的地方，让它们一目了然，让自己触手可及。

经济学中有一个著名的“二八法则”，即80%的财富都是

由20%的人创造的。这个原则的适用范围很广，在极简生活中也有借鉴意义，即具有实际价值且还在发挥作用的物品，只占所有物品的20%，我们80%的生活所需都是由这20%的物品提供的。

问题来了，剩余的80%的物品，该怎么解决呢?

答案就是——“舍”，即把那些品质不好的、使用频次低的、不喜欢的、带来负能量的物品，统统舍弃，只保留或替换成“适合的、舒服的、需要的”东西。

“舍”的过程，往往要历经与内在“阴影”相处的过程。

我家里有一个两层的小书架，当初买来时是临时放在办公桌上用，但说实话，这个东西不太理想，且占据了办公桌的不少空间。当我想再放置一个扩展屏的时候，办公桌明显不够用了。此时，我知道这个物品要舍弃了，我需要一个像样的、实用的、可用很久的书架。

然而，在准备“舍”掉这个小书架时，我脑子里还是冒出了这样一个念头：要不要把它留下来当鞋架用？其实，家里的鞋架有六层，非常好用。那一刻，我就问自己：为什么不想把它舍弃？仔细想了想，原因竟也是陷入了父母那辈人的思维模式中，认为东西很新，舍弃是一种浪费。

当这个念头被意识化以后，我松了一口气，告诉自己：这个东西不能放在办公桌上了，也不能当作一个“正常”的书架，搁置它才是浪费！于是，我给它拍了一张图片，分享给了表哥，问他需不需要这样一个架子？表哥让我给他留着，隔了一天就把它带走了。

后来，再去表哥家的时候，我发现这个架子被用来做小花架了。当它以这样的形式出现在我面前时，我觉得比把它放在自己家更满足。换了一个主人后，它又变得有价值了。这种感觉，就如柳宗悦所言：“器物因被使用而美，美则惹人喜爱，人因喜爱而更频繁使用，彼此温暖相爱，共度每一天。”

其实，任何的放弃都会有痛苦相伴，但对于那些不再需要的东西，不那么珍视的物品，还是把它分享给真正需要的、喜爱它的人，更为合适。至于我们自己，会在舍弃的过程中更加清楚，哪些东西才是我们真正需要和喜欢的。

经历了几次深思熟虑的“舍”之后，生活就会慢慢呈现出不一样的状态。想想看：当你身边留下来的，都是自己真正喜欢的、真正需要的，没有任何的将就和凑合，是一种什么样的体验？与物如是，与人亦如是，这里强调的是思维模式的改变。

到那个时候，我们每拿起一件东西，都会爱不释手，都会享受那一份质感带来的满足。这个过程也会督促我们在添置新物品的时候更为谨慎，本着“非常喜欢、适合自己、真的需要”的原则，一旦拥有了，就让它发挥最大的价值。

## 08

# 物欲一旦操纵了生活，人就变成了物质的奴隶

欲望是前进的动力，过分的欲望却是生活的负担。

——【极简便签】

一百多年前，一位毕业于哈佛的美国人在湖边搭建了一个小屋。

他抛弃了自己当时所有的东西，独自一人，安静地思考、生活。两年后，他把这种生活写成了一本自然朴素主义的书，《瓦尔登湖》，这个人就是梭罗。

在瓦尔登湖，梭罗悟出了一个道理：“如果一个人，能满足于基本生活所需，便可以更从容、更充实地享受人生。一个人放下得越多，越富有。”

普通人很难做到离群索居，也没有必要这样做。但梭罗传递出的生活观，却是值得深思的。在物欲横流的时代，如果总是试图抓住更多东西，害怕错过和失去，就会让自己被物欲包围，与真正的生活渐行渐远。

我们身边经常会看到这样的情形：某人很有上进心，希望依靠自己的能力打拼出一番成绩。她严格要求自己，希望每件事都做到最好，在业余时间不断学习，只为精进技能。工作越来越好，职位越来越高，接触的圈层也和过去截然不同。看到这些人的穿衣打扮、举止风范，她内心充满了羡慕。于是，她开始给自己设立新的目标，要买更多的口红、更多的鞋子、更新款的包包。

物质需要金钱来堆砌，她只好更努力地工作。为了让自己更漂亮，她还忍着饥饿节食减肥。体能和精力长期处于入不敷出的状态下，身体很快就给她拉响了警钟。30岁出头的她，竟然患了心梗，幸好发现得及时，才免去生命危险。

欲望是前进的动力，但过分的欲望却是生活的负担。虚荣是无底洞，也是所有欲望中最可怕的，没有终止和尽头。《中国奢侈品报告2019》显示，在中国奢侈品消费者中，80后与90后占据了71%。同时，90后人均负债12.79万元。以透支去追求虚荣，过着不属于自己的生活，只会把人困在痛苦的旋涡里。

康德曾说过："所谓自由，不是随心所欲，而是自我主宰。"

物欲一旦操纵了生活，人就变成了物质的奴隶。

要自我主宰，就得学会“离”，即放下对物欲的执着，脱离“多就是好”的执念。

物品是一面映照人的镜子，它所照出来的往往是那个我们渴望却不愿意承认的自己。那些为了虚荣甘愿负债累累，沦为物质奴隶的年轻人，很大程度上都是想要借助外物去提升自信，获得他人的认同和欣赏。换而言之，炫耀什么，强调什么，往往是缺乏什么。正因为要面对那个自卑的自己太难了，才无法从繁杂、冗长、昂贵的物品中解脱，那是一件需要勇气的事，且过程充满了痛苦。

当我们把关注的焦点放到自己身上，把自己当成生活的主角，就会慢慢发现，我们真正需要的东西并不多，而多也并不意味着好，更不代表幸福与满足。去寺院简短修行的人，经常需要穿上僧服，为的不是形式上的统一，而是减少外物对内心的影响，把所有的精力都专注在修心上。

我也曾经思考过：怎样才算得上是生活的主人，物品的主人？很惭愧，总结不出一针见血的答案，结合自己的体验，大致就是：做好“断”与“舍”，把物品减少到自己可以掌控的量，让它们全都在自己的支配下，基本上就可以实现“先有自己，后有物品”的状态。

在避免囤积、精筛细选、敢于舍弃的过程中，我们对物质的欲望也会淡薄。减少了外物的束缚与困扰，内在世界就会日渐丰富，让我们慢慢长成一个从心底生出自信的真实自我，不用依赖昂贵的、大量的物品来给自己“贴金”。

09

## 生活中最大的浪费，莫过于没能物尽其用

物品，只有被使用的那一刻，才能突显出它的价值。

——【极简便签】

当我开始尝试极简生活，定期清理物品的时候，身边总是会冒出这样的评判声：“这么好的东西不要了？真是太浪费了！”的确，在许多父母甚至爷爷奶奶辈的人看来，把完好无损的衣服或物品丢弃掉，是一种不可理解的浪费，更是一种无厘头的“作”。

观念上的分歧，源自对同一事物的不同理解。在发生上一幕情景的时候，我与长辈们最根本的观念分歧就在于，对“浪费”这一行为的看法。

在长辈们看来，把完好无损、暂且可以用的东西扔掉，就是一种浪费。扔的过程，就是失去的过程，因为你没能在这个过程中换得另外一种触手可摸的实物，这是一种看得见的损失。那些不穿的衣物，不用的旧式碗筷，质量不佳的橱柜，但凡还没有发生质变，就要把它留在自己身边，那都是自己的财产，丢掉了就没了。

坦白说，我过去也曾这样认为。

那时候，一味地囤积物品，新的放表面，旧的压箱底，最后都想不起来自己到底有多少同类的物品。然而，到了搬家的时候，一箱又一箱“食之无味，弃之可惜”的东西需要整理，而我才干了一半的活，就已瘫坐在地不想动弹。

那一刻，眼前的物品对我来说，早已不是什么财富，而是赤裸裸的累赘。

经历了几次这样的时刻，我便开始思索：到底什么才是真正的浪费？

查看百科，“浪费”一词在释义中涵盖了几个重要的元素：不珍惜、不充分利用、不必要地废弃。简单总结，我们会发现，三者存在一个共同之处：未能实现“物尽其用”。

囤积在房间里的物品，搁置在柜子里的衣服，我一年不曾动过，两年不曾穿过，这些东西于我而言，有何价值和意义呢？它们的存在，从浅层次上说，占据着家里的空间；从深层次上说，也占据了我的时间和精力。因为，那个东西在，你就要收拾和整理，你就要让其他的物品为它腾出空间。看似是把物品牢牢抓在手心，但也只是名义上的拥有而已。

物品，只有被使用的那一刻，才能真正突显出它的价值。

那些不常用的瓶瓶罐罐，那些不太适合自己的衣服，那些可有可无的小零碎，与其囤积在角落或束之高阁，倒不如让身边真正需要的人拥有它们、使用它们。当物品在需要它的人手上，在需要它的地方带给人便利和帮助，那才算是物尽其用。

从这个角度来看，把不需要的东西挑选出来，留给真正需要的人，并不是浪费，而是对物品的尊重。让物品自然而然地归到它应该在的地方，回归到需要它的地方，才是舍弃它们的初衷。那些精简下来的物品，是我们经过深思熟虑作出的抉择，而我们也将在未来的日子里，更多地、更好地享用它们、欣赏它们，从而真正地避免浪费，享受精致的生活。

10

## 经历已存放于内心，无须用旧物去证明过往

> 分手后，对旧物的不舍，不只是留恋回忆，也包含着对自己、对未来的怀疑，不相信还有更美好的事物会出现。
>
> ——【极简便签】

“妈妈，这些衣服还能穿吗？不穿的话，就扔了吧！”

“先别扔了，以后打扫房子时，还能穿着干活呢！”

时隔一年，再次打开妈妈的箱子，那件被预留为工作服的衣服，依旧在原来的地方规规矩矩地放着，纹丝未动。这也表示，妈妈在过去的一年里，可能从来都没有碰过这个箱子。可这一年里，她打扫过数次房间，还搬了一次家，只是那件被预留的工作服，根本没有被派上用场，始终在当“预备军”。

这样的情形，在我认识极简生活的理念之前，也曾多次发生

在自己身上。

那时候的我，很少主动丢弃物品，除非一件东西破旧不堪，无法再使用了。否则的话，即便是不用，也会为其留下一寸天地。丢掉它们，对我来说，是一件很痛苦的事。

对于自己使用过的东西，我是心存怀念的，比如，租房时买的简易收纳抽屉、已褪色变薄的床单、刚工作时给自己买的播放器……它们已经没有什么实际用途了，可我就是不舍得扔，虽然也会因为它们占据了一些空间而烦恼。

后来，我在做个人体验的时候，跟我的咨询师谈起了这个话题。

Z：“能说说，为什么要留着十年前买的播放器吗？”

我：“我总想着，今后也许还能用得上它。”

Z：“听起来，你好像在担忧未来的一些事情？”

我：“是，我害怕想用的时候，身边没有了它。”

……

就这一话题，咨询师陪我一起探讨了三次，抽丝剥缕地去找症结。

我真的很感激有这样的机会，能够帮助我重新认识自己，深度地剖析自己。如果我们一直停留在过去的某种思维模式与行为模式中，就真的有了所谓的“命运”。借助学习和个人成长的体验，改变认知，就是在改变命运。

从心理学上讲，不舍丢弃旧物的情况与缺乏自信有一定的关系。

闺蜜H的床头柜里有一个盒子，她几乎常年存放着，但很少打开。盒子里面存放的是与前男友旅行时买的车票，游览景点的门票，还有曾经一起去过的咖啡店赠送的祝福卡票，以及看过的每一场电影的票据。

从两人恋爱开始，她就在囤积这些东西；分手后至今已有两年，这些物品依然还在。谈起当初为何要积攒下来，闺蜜H说：“总觉得美好会一闪而逝，想留住它们。”至于为何现在还保留着，她的话更是令人感到心疼：“担心以后再也不会有人那么爱我了……”

显而易见，H对物品的囤积，代表着她对内在的自己不够信任和接纳，不敢尽情地去享受恋爱的美好，而是小心翼翼地把每一段经历都收藏起来，试图用这样的方式把美好定格。分手后，对旧物的不舍，不只是留恋回忆，也包含着对自己、对未来的怀疑，不相信还有更美好的事物会出现。

对于不舍丢弃物品的人，法国心理学家弗朗西斯科·维耶罗还有更深入的解释：“对未来可能的匮乏感到忧心忡忡，大多是基于当事人曾经的真实经验，但也可能仅仅是从身边人那里无意习得的思维惯性。比如，今天的我们多数都没有真的经历过饥饿，但还是有些人从父辈们身上感知了大量‘生怕哪天再出事’的焦虑和危机感。”

妈妈不肯丢弃旧物，是因为她已经把感情转移到了物品上。

早年，她经历过艰难的生活，那样的日子太刻骨铭心了。于艰苦的条件下，能够拥有一件在当时还算比较好的外衣，是何等的珍贵！尽管那样的日子已经结束了，可那些物品对于妈妈的意义，还一直存在。她不肯丢弃的，是她人生的那一段旅途。

留着过去的物品，似乎是为了证明自己曾经的存在，或是某些情感与价值，那是一种对自我肯定的方式。如果丢弃了那件衣服，就如同丢弃了自己的一段人生，以及在艰难岁月里送给她这件外衣的人——我的爸爸，以及他们的感情。

了解了妈妈的心理状态，我也很容易理解，为什么过去的我也不舍得丢弃旧物了。因为，我是从妈妈那里无意习得的思维惯性。不愿意扔东西，并不是出于对某件物品发自内心的喜爱与不舍，而是没有勇气做出“抛弃”这一行为。这就好像，一个孩子看久了妈妈总是活在痛苦和节俭中，一旦自己感受到快乐，或是买了一件稍贵的东西时，就会萌生出一种背叛感和愧疚感，好像唯有和妈妈保持同频，才能心安理得。

找到问题的源头，就是战胜它的最好方法。我意识到了自己的症结所在，并在咨询师的帮助下重新梳理对旧物的认识：我和妈妈的情感连接，不会因为丢弃某件具体的东西而消失。无论失去了什么，我们之间的爱都在，且现在的我们都有条件，去拥有和享受更好的东西。

至于妈妈，我也说过一些开解她的话，但不确定她是否真的理解了，更不晓得她是否也可以平静地摆脱旧物的困扰。如果可以，我会替她高兴；如果不能，我便选择尊重。只要不是病态，留下她自己喜欢的东西，也不是什么坏事。

11

## 抗拒消费主义的诱惑，爱自己不只是“买买买”

> 消费从来无法实现让我们感到幸福或满足的承诺，相反它会偷走我们的自由，让我们对拥有更多的物品产生难以抑制的欲望，忽略那些真正能够带来快乐的事物。
>
> ——【极简便签】

20世纪20年代，美国被滚滚而来的财富浪潮淹没，精明的广告商们开始有意地在公众的脑海里把“拥有感”与“幸福”联系起来。直至今天，这样的理论依然在发挥着作用，在很多人看来，拥有一套大房子、一辆高档汽车，穿新款的运动鞋，用新的电子产品，直接指向了人们的身份地位、生活品位、收入证明，显示出自己有能力为自己和家人提供高质量的生活；甚至就连喝某品牌的咖啡与啤酒，都成了友谊与归属感的代名词。

这一切是真的吗？不，只是广告商们臆造出来的概念。当我们购买的东西远远超过自身真正的需要时，他们的客户就能实现盈利的目标。广告商们利用了我们获得“拥有感”的欲望，却让我们掉进了一个思维陷阱，认为生命的目的就是要自我满足，“买买买”是爱自己最直接的方式。

曾经的我，也秉持着这样的认知和消费习惯。在发了工资的第一时间，要么跑到购物中心，放肆地吃一通，再挑几件看起来喜欢的衣服和小物件；要么就把收藏在网络购物车里的物品，统一下单结账。我觉得，这是对自己辛苦付出的一种犒劳。

这样的做法，有没有给我带来幸福？或许有，但更多的是在“买”的那一瞬间，觉得有一种掌控感。然而，当物品被带回家之后，幸福感就开始回落了。在衣物被使用一两次后，新鲜感荡然无存，幸福感也消失了，留下来的只是银行卡上或支付宝里带着“-”号的数字。偶尔，我还会为此感到焦虑与懊悔。

这样的情况，不仅发生在为实体物品的消费上，还包括为精神食粮买单。

我在某公众号上购买过一个课程，其实我并没有想清楚它对我而言有多大用途，只是无意间看到了一句话，大致是说：学习不能只停留在自己喜欢的、熟悉的领域。我想，商学对我而言是一个陌生的领域，那我有必要去充实一下自己。

课程价格不算太贵，可问题是，买了那个课程以后，我总共就听了5节课，剩余的90多节课，我至今都没点开过。这样一算，我几乎就是把钱白白地扔掉了。事实上，我也真的对商学没什么兴趣，现在让我抽时间去学习它，也是一件困难的事。

不知道生活中的你，有没有类似的经历和感触？为什么我们给自己花了钱、买了物品，换来的只是短暂的愉悦？问题到底出在哪儿？

在我遇到了极简生活的理念后，我似乎找到了答案。很多时候，我们关注的只是消费行为本身，而不是消费的内容；我们只是想给自己花点钱，却没有认真思考要花在什么地方，花得值不值。我们把“买买买”当成了爱自己的方式。

当然，这不能全怪我们。放眼望去，全世界的广告语几乎都在传递这样的信号——“买它，你值得拥有，它会让你变得更好！”听起来真的很有诱惑力，谁不渴望变得更好呢？可这里隐藏着一个现实：不假思索地“买买买”，只会让我们变得寒酸，甚至负债累累；只有更好地、更理性地买，才有可能成为更好的自己。

消费，从来无法实现让我们感到幸福或满足的承诺，恰恰相反，它会偷走我们的自由，让我们对拥有更多的物品产生难以抑制的欲望，同时也会在心理上带来悔恨与负担，分散我们的注意力，让我们忽略那些真正能够带来快乐的事物。

当我认清并可以抗拒消费主义的诱惑后，再拿到工资的时候，我偶尔还会去商场，但已经不是看什么都想要了。我可能会去某个角落的书店，选一本喜欢的书，安静地坐一下午，给自己放个小假。这种犒劳无须消费，带来的却是踏实和满足。

## 12 在心里列一个购物清单，降低过度购物的瘾

列清单不只是记下自己需要购买的物品，还要在心里对所需的物品进行分类。

——【极简便签】

假如让男士到超市里购买卫生纸，他们带回来的往往就是一提卫生纸，很少会地拎着大包小包等其他物品。男人大都是目标型的，做什么事情都有明确的方向，讲究效率。

换成女士去逛超市，明明说好是奔着卫生纸去的，可带回来的物品却可能涉及多个生活领域。她们在逛街的时候，目光通常是发散的，生怕漏掉“好物”。

就后一种情况而言，逛得久必然要消耗时间和精力。当然了，如果只是想用逛街作为消遣，倒也无可厚非，问题是在这样

的情境下，不少人会陷入过度购买中，不知不觉为那些非必需品而扩大支出。所以，逛街本身没问题，问题是能否在逛街时保持必要的理性。

有没有什么办法，能够帮我们降低过度购物的瘾呢？

列出购物清单，是一个很好的办法。不过，我们说的列清单，并不单纯地指用一张纸记下自己需要购买的物品，它还要求我们在心里对自己需要的物品进行分类。

· A类物品：生活中必不可少的东西。

· B类物品：可有可无，偶尔需要的东西。

· C类物品：完全不需要，买来就会囤积的东西。

带着这张清单出门，在想入手一件物品的时候，不妨对号入座。

如果属于A类物品，是必不可少的，且当下正需要，那就毫不犹豫地买；如果属于B类物品，可仔细考虑一下，看是否真的喜欢，估量使用频次，看值不值得购买；如果属于C类物品，那就要提醒自己，只是“想拥有”的欲望在作祟，它对自己而言没有太多的价值。

经过几次这样的练习，不仅能够帮助我们减少购物支出，更能让我们的思维逐渐变得理性，明白自己真正需要的是什么，清楚地分辨出哪些是真实的需求，哪些是作祟的欲望。

如果暂时做不到这一步，也可以在购物之前，用一张纸写下想要购买的所有东西。写完之后，对这些物品做一个筛选和归类，看看哪些是必需品，哪些是可有可无的，哪些是完全可以舍弃的。最后剩下的，就是自己此次购物的目标了。

直到有一天，我们能够做到，不需在纸上列清单，而是在购物的过程中，看到一件物品就清楚它在心里的清单中属于哪一类，那就意味着已经回归到理性消费的状态了。把这个状态很好地持续下去，并在心里对物品做进一步的筛选和归类，就更接近极简生活的理念了。

## 13 穿衣打扮不盲目追求时尚，让衣装尽显自我的风格

你可以穿不起香奈儿，你也可以没有多少衣服供选择，但永远别忘记一件最重要的衣服，这件衣服叫“自我”。

——【极简便签】

对女人来说，衣服就像是一个万花筒，闪烁着璀璨的亮光，有层出不穷的款式，有变幻莫测的风尚。女同胞们一面不停地购买，一面却又不停地抱怨，似乎怎么也逃离不了“打开衣柜，还是少一件衣服”的窘境。是不是再多买一些，就不会为“没衣服可穿”发愁了呢?

2010年，英国举办了“女王的一年”服饰展，当大家看到伊丽莎白二世那些服装时，显得异常惊讶。这份惊讶，不是因为女王的衣服稀奇古怪，而是她穿得衣服都太过正常了，甚至比常人

平日里穿得款式还要保守。然而，更令人感慨的是，那些衣服无论怎么看，都不会让人感到过时，且品位十足。

为什么女王的衣服，能具备这样的“魔力”？有人总结出三个重要因素，而这也是我们日常选择衣服的一个“指南针”。在接下来的日子里，你可以尝试借鉴一下这样的方式，看看所选择衣服是否能让你摆脱“没衣服穿”的烦恼。

·永不过时的“基本款”。

女王几乎不会穿那些引领时尚潮流的衣服，她的衣服大都是“基本款”，如直筒过膝裙、简洁的晚礼服、纯色羊绒衫等，没有超短裙和亮色漆皮上衣，抑或是蓬蓬裙。

建议女性朋友，购买一些优质的基本款衣服，这些衣服简洁耐穿，能跟任何款式的新潮服饰搭配，且永远不会过时。接着，再根据喜好和需要，选择一些适合自己的其他款式的衣服，这些衣服有时不需要花大价钱，有了高品质的基本款，你会发现基本款之间可以互相搭配，这些基本款与其他款式的衣服相结合，又能变化出无数的混搭风格。

·避开过于喧嚣的颜色。

仔细观察历史上的官窑瓷器，你会发现它们大都是素淡高洁的，而水墨丹青则讲究舒朗清雅的意境。那些极度艳丽与不和谐颜色的服装搭配，只适合在舞台上表演，而不适用于现实生活。

想让衣服能穿得“久”一点，就要尽量避开颜色过于夸张、反差过于强烈、款式过于繁杂但缺乏精致细节的衣服。这类衣服容易暴露搭配不到位的尴尬，看上去略显俗艳。相比之下，内敛的款式和颜色，更具知性美。就如时尚大师可可·香奈儿所说：“白色永远不死，黑色不可或缺，米色永远知性。”

·面料是档次的试金石。

衣服的质地是凸显气质的关键，建议多选择像纯棉、亚麻、针织等材质的衣服，它们通常能让人显得高贵、端庄，至于尼龙、纱质的衣服，要慎重选择。

说完了如何选择衣服，接下来就要谈谈搭配的问题了。每个人都是被上帝咬了一口的苹果，不可能是完美的，但即便身材不够理想，我们的形象依然是可以塑造和改变的，关键就在于把衣服搭配好，让衣服去衬托自身的亮点。

在服装搭配上，无论选择什么款式，出席什么场合，有三点是必不可少的：

第一，服饰要干净合体、全身整齐有致。穿着褴褛肮脏的人，给人感觉总是消极颓废的；穿着整洁的人总能够散发出强大的气场，给人积极向上的感觉。

第二，衣服要与人的体形、肤色以及地点场合等和谐，比如旗袍穿在身材匀称，或修长的淑女身上，可增强美感；而着于矮胖型的女性身上则更暴露其缺点；在静诺肃穆的办公室里要以简洁清雅为主，如果穿一套随意性极强的休闲装，则人境两不宜。

第三，符合个性。可可·香奈儿曾说：“你可以穿不起香奈儿，你也可以没有多少衣服供选择，但永远别忘记一件最重要的衣服，这件衣服叫‘自我’。”

穿衣打扮不必盲目追求时髦，应该深入地了解自我，让服装尽显自己的个性风采。如果穿上Max Mara的双排扣厚毛呢短外套、Gucci拉链长裤，或是Prada时髦的超短衬衫，让你感到不是在做自己，那还是果断放弃吧！

## 14

## 选择必需的优质品，每一次使用都充满喜悦和满足

> 在可承受的经济范围内，选择最喜欢的、品质最好的东西。
>
> ——【极简便签】

极简生活，不是越活越吝啬，而是越活越精致。

添置物品是生活中不可避免的事情，但如何购买却是一门学问。极简的核心是，告别那些多余的物品，尽量只保留必需品。因而，添置物品的第一要务，也是尽量选择必需品。

必需品有很多，衣服、鞋子、化妆品、家居用品、厨房用具，都是每日生活离不开的东西，且每一类产品都有多个品牌，性能和外观也令人眼花缭乱，这就使得，我们在挑选必需品的过程中，不自觉地掉进一个陷阱——有用，但不够实用。

我买过一套餐具，里面包括四个不同形状、不同颜色的深瓷盘，用它来盛放美食做摆拍，效果非常赞。当时，购买这套餐具是为了用它来做西餐的，比如焗土豆泥、做燕麦香蕉蛋糕，分量适中，既能用在烤箱里，也可以用于微波炉。

刚买回来时，我用这套餐具做了三四次西餐，偶尔也会用它盛放一些简单的沙拉。可是很快，我就发现了一个问题：这套餐具虽精美，品质也很好，但因形状特殊又不统一，每次清洗都比较费劲，且在收纳时也无法叠放，橱柜里最下面的空间，被这套餐具占据了一大半。我这才意识到，选择必需品的时候，也要考虑到它的实用性和便捷性。

后来，家里用的餐具都是从宜家买来的灰色系和粉色系的盘子与碗，价格不贵，但收拾起来十分方便，因为大小和形状都一样，叠放在一起能节省不少空间。至于做西餐的问题，我细想了一下，频率真的不高，且烤箱里带的比萨盘，以及微波炉自带的塑料盘，已经可以满足使用功能了，无须再添置。

在选择必需品时，还有一个重要的法则，即在可承受的经济范围内，选择最喜欢的、品质最好的。原因有两点：

第一，选择自己最满意的物品，不存在忍痛割爱的情结，内心是平衡的，对买来的物品也会充满喜爱，并更加珍惜；

第二，品质好的东西耐用，一件高品质的物品也能替代同等的几件商品。

就我个人的物品来说，目前想到的有两件必需品非常符合上述法则。

第一件物品是，厨房里的多功能智能电饭煲。

这个电饭煲在同类产品中价格颇高，但事实证明，贵也有贵的道理。在安全性能方面，它是很有保障的，且具备十几项功能。煮粥、蒸饭、煲汤、做蛋糕等常规功能自不用说，最让我满意的两个功能是“再加热”和“预约”。

偶尔，锅里的汤或饭凉了，选择5~20分钟不等的时间进行再度加热，加热完后不需要等待排气，直接就可以打开，非常方便。预约功能对上班族来说更是方便，我在晚上9点钟预约煮粥，放好喜欢吃的杂粮，选择预约9个小时，早上6点钟的时候，粥就煮好了。起床后，不用慌忙地准备早饭，就享受到了有粥可温的美好。上班族也可以在离家前，选择预约煮饭，下班后饭就好了，也节省了时间和精力。

这款多功能电煲饭，算是我家里的“爆品”了，从买来至今已有四年，几乎每天都在用，且质量很好，从没有出现过故障。透过这一必需品，我想分享的心得是：多用性也是实用性的一种，用途越多的东西越实用，可以省去买其他产品，更加节省金钱和空间。

第二件物品是，鞋柜上的一双可爱又舒适的“多用”拖鞋。

这款拖鞋是我去年买的，不是什么奢侈品牌，但质量非常好，且穿着舒适。当时，我选择的是黑红色，上面有一个凸出的卡通斑马。这款拖鞋从被带回家的那天起，几乎每天都要被我踩在脚下，可作为居家的拖鞋，也可以作为凉拖穿出去，冬季也可在浴室里穿着，鞋底超级防滑。

现在，这款拖鞋已经伴随我快两年了，没有出现任何的质量问题，踩在脚下的舒适感和当初一样，我对它的喜爱和满意程度也丝毫未减。我想，如果不是它自己坏掉的话，我应该不会主动将其丢弃。

总之，添置物品一定要理智，确定是不是真正需要。如果真的需要，就在可承受范围内选择品质最好的，自己最满意的。品质好的物品，有时价格会稍贵一些，但不要因为“舍不得”就选择将就，买质量不太好或自己不太喜欢的。那样的话，心里可能依然会惦念原本中意的产品，抑或在看到更漂亮的样式时会忍不住地想把它替换掉。

不信的话，你可以回想一下：那些你特别喜欢的，狠狠心才舍得买下的高档物品，是不是让你更加珍惜，更加不舍得轻易丢弃？也许，当初做决定时咬了咬牙，但它却帮你节约了日后的维护成本与替换成本，并让你在使用它的时候，喜悦与满足感油然而生。

这，不正是我们添置物品时心心念的场景吗？

## 15 为了价格便宜而埋单，会拉低你的生活品质

精挑细选的过程，是甄别内在感受的过程。

——【极简便签】

刚学会网购的时候，真的是“烧”掉了不少钱。

看到超级有吸引力的买家秀，想象着某件衣服穿在自己身上的样子，就已经有点儿按捺不住想要下手了。再看价格，更是忍不住激动，比实体店要便宜一半，那感觉简直就像是“不要钱”。那一刻，手比脑子要快，立马下单，坐等收货。

终于盼到了快递员的电话，取回包裹的路上就直接把它拆开了。然而，看到实物的那一刻，像是被泼了一盆子冷水。虽然不是每次都这样，但“十有八九”的形容并不夸张。糟糕的体验并

未让我放弃继续网购，而安慰自己的理由是：“反正价格不贵，也不算亏。”

就这样，从网上淘来的便宜货越来越多，塞满了我的房间。可真到需要用的时候，总是显得很寒酸，没有一件拿得出手。那时的我，20岁出头，工资不高，消费观很优质：买便宜的东西，多买一些，体验新鲜感。

事实上呢？新鲜感只存在于淘货的过程中，一旦那些便宜货实实在在地呈现在我面前，我就已经丧失了对它的喜爱。眼见着堆砌的物品越来越多，而又没有几个能派上用场，为了腾出空间，我就开始了“扔扔扔”。扔过之后，再继续淘，周而复始。

这种状况持续的时间，大概有四五年之久，现在回想起来，真是有点可怕。每次买单件的物品，看起来花的钱并不多，也就百八十块钱。可是，一个月下来，零零碎碎的花销也得要四位数。问题是，钱花出去了，却没有留下什么像样的东西。

现在的我，真的很庆幸已经摆脱了那样的购物模式。与其贪图便宜买十件同类的次品，不如一次性投入，买件品质上乘的精品。精挑细选的过程，是甄别内在感受的过程，你要不断地扪心自问：我是不是真的需要这样一个保温杯？我是不是真的需要一件羊绒外套？如果确定需要，不要以价格从低到高来选择，可以看看品牌、品质和款式，确认从质量到外观都是自己满意的，再去看价格是否能够承受。倘若在可承受的范围内，就选自己最中意的。

我现在的生活用品还是会经常选择网购，为了节省时间，但衣物多半都是去实体店购买。现在添置衣物不是那么频繁了，偶尔花点时间多甄选一下，也是值得的。毕竟，很多衣物要去触摸才能知道质感如何，要试穿一下才能知道版型和色彩是否合身。

至于“双11”这样的活动日，要不要“剁手”，还是谨遵添置物品的第一核心：是否真的需要？如果你的电脑坏了，而工作又离不开它，赶在这样的活动日下单选购一款性能高、外观漂亮、自己喜欢的，那就再合适不过了。

如果只是看到大量的广告推广，××商品特价、半价，而它们看起来模样也还不错，挺令人心动的。这个时候，就需要先停下来问问自己：我真的需要这个吗？我有多大概率会用到它？我想拥有它，到底是因为价格便宜，还是它刚好满足自己正常所需？

别小看这样的几句询问，它会把我们从虚拟的幻想中，拉回到此时此刻、此身此地。当我们意识到，想入手某件商品，仅仅是因为看到了折扣，有想占便宜的心理时，就会变得理智很多，重新衡量购物的决策。

归纳来说就是，不要因价格便宜而添置某件商品。只看价格而选购，往往会掉进广告陷阱，买回一堆不实用的、不需要的东西。即便是必需品，如果只关注价格而忽略质量，则会拉低生活的品质，给家里平添冗赘，根本实现不了预期的实用价值。

## 16 搁置到未来才用的物品，是对此时此地的一种侵占

让那些暂时用不到的必需品，囤积在商超里，待需要的时候，再把它们带回来。

——【极简便签】

“超市的洗衣液在打折，买一赠一，要不要帮你带？”

“现在补水的面膜有优惠，你要不要囤上几盒呀？”

“今天有不少的特价水果和蔬菜，多买一点回去吧？”

“……”

这样的话，你是不是在生活中经常听到？这些念头，是否经常浮现在你的脑海里？

我必须承认，在没有接触极简生活的理念之前，上述的情景就是我的日常写照。洗衣液、面膜、水果蔬菜，都是我生活中的

必需品，且是高频次使用的产品。如果买一些摆设或小物件，有盲目消费的嫌疑，但买这些东西回来，没有谁提出质疑，包括爱节俭的父母长辈。

以前，对于这样的购物方式，我还是很得意的，觉得是精打细算，也得到了真正的实惠。可是现在，你知道吗？我再没有因为某件必需品有折扣，就把它带回来。除非，家里的同类产品即将用尽，急需补上空缺，否则我不会囤货。

如果每周都去商超采购的话，你或许也发现了一个客观事实：不管是水果蔬菜，还是生活用品，几乎每天都有贴着特价标签的商品，只是不同时期做活动的品牌不一样。就洗衣液、卫生纸、湿巾等产品而言，如果你不是必须选购某一品牌的话，那么无论你哪一天走进超市，都可以找到帮你节省金钱的特价品。

提前买回这些必需品，尽管在未来可以用得上，但关键的问题在于，这些囤积的商品需要占用家里的空间。原本，你的洗脸柜底下可以很整洁，放上正在用的洗衣液、柔顺剂、卫生纸等，一旦你囤积了同类的产品，就得为它们腾出空间。当洗脸柜放不下的时候，它们可能就要被放进客厅或卧室，变成“暂时无用”的物品。

囤积一件两件这样的必需品，倒也不会造成太大的影响，但这样的购物习惯和生活方式，却是会蔓延的。当房间里囤积了多件这样的打折品时，我们还如何感受得到整洁、极简的空间？纵是必需品，把生活的空间填满了，搁置到未来再用，也是对此时此地的一种侵占。

与其如此，倒不如就让那些暂时用不到的必需品，囤积在商超里。待我们需要的时候，再去商超挑选合适的带回来，这样既可以享受到价格的优惠，也可以保持房间的整洁和宽敞。从消费层面来讲，为自己节省了成本；从生活层面来讲，为自己赢得了空间。只是改变了一个选购必需品的时间，却能体验到更舒适的生活方式，何乐而不为呢？

17

## 学会记账并做好预算支出，我们会生活得更从容

居安思危，做好充足的准备，才能在困难来临时不忧不惧，给生活以坚实的后盾。

——【极简便签】

在开始这一话题之前，请大家思考以下几个问题——

· 你这个月的消费支出是多少？

· 你的钱从哪一途径支出的较多，信用卡、微信、支付宝？

· 你较大的金钱支出用在哪方面？

· 你能否准确说出今天花了多少钱？

坦白地说，换作十几年前，我基本上能够准确回答这几个问题。理由很简单，那时候赚的钱不多，需要租房子、吃饭、乘坐公共交通，大致的费用都是固定值，每天的消费金额也都差不

多，自然容易记。更重要的是，那时只有一两张银行卡，活动经费都是现金，掏钱购物的时候，眼见着钱递给别人，花得太多也会有心疼之感，精打细算就成了必然。

从什么时候开始，这种情况发生了变化呢？大概就是进入“电子支付”时代以后，一部手机就可以搞定所有了，现金长什么样子都快忘记了，网上购物只需输入几个数字密码，线下购物只需扫一下二维码，一切都变得简单化、便捷化，而花钱的速度也开始飙升。

再后来，信用卡、花呗、白条纷纷涌现，消费的快感又被提升了，因为当下不需要拿自己的储备金来支付，有人暂时替你“负重”了。然后，我们都知道，继“月光族”之后，又有大量的“负翁”诞生了。花钱的时候很潇洒，快到还款日时焦虑得失眠，这简直成了千万年轻人的噩梦。

有没有什么办法能帮助我们改变这样的囧境？

当然有，且办法很原始——记账。

不少人对记账存在误解，认为现在的生活条件好了，不需要把一两块钱的开销都记下来，那是吝啬主义者的做法。其实不然，无论对家庭理财还是个人理财而言，记账都是起点。选择记账的目的，就是帮助我们更好地了解财务状况，对自己的支出进行分析，了解哪些支出是必需的，哪些是可有可无的，哪些是纯属浪费的，从而更合理地做好支出预算。

每个人都有不同的记账偏好，可选择的记账软件也很多。就我个人而言，现在用的记账方式比较简单，所有的收入都存在一个账号里，每次到一笔账，银行卡都会有记录。在支出方面，现金支付很少，日常开销就是每月在微信里存入固定的钱，每笔支出在账单里都有显示，大致能够看出哪部分支出占比较大。

存入固定值，很像上大学时在父母那里领取生活费。你给自己设置了一个上限，时不时地看一下余额，提醒自己该怎样支配剩余的钱。渐渐地，省掉那些不必要的开支后，这个固定值可能还会有剩余。在网购方面，也可以采用同样的办法，设置一个消费上限，如果这个月没有余量，就等到下个月再买，学会延迟满足。这样的话，再看到信用卡或花呗账单，心里也是有底的，而不是惊讶地感叹：怎么又要还这么多钱！

这是我个人的一点心得，不一定适合所有人，只是想传递出一个理念：学会记账，做好支出预算，我们会生活得更从容，不至于被债务追得气喘吁吁。生活不可能永远平静如水，有沁人心脾的鲜花，也有狰狞可怕的荆棘；有徐徐吹来的春风，也有凛冽刺骨的冰雪。居安思危，为自己做好充足的准备，才能在困难来临时不忧不惧，给平静的生活以坚实的后盾。

## 18 谨慎地选择自己的一切，并对所选的一切负责

> 家是我们的第一道场，清理杂物的实质，
> 就是在清理内心，和自己相处。
>
> ——【极简便签】

走出家门的那一刻，多数人都会把自己收拾得光鲜亮丽。然而，关起门的另一个世界，却未必都是井井有条的，心情也未必和笑容一样晴朗。

很有可能，在你们见面的前半个小时，她还置身在堆积如山的衣橱里，翻找着一身叫作“好看”的衣服，那些不合适的衣裤，随意地扔在床上，乱成一团。每每这时，就忍不住感叹：为什么买了这么多衣服，还是没得穿？

还有可能，在临出门的前十分钟，她还在房间里焦急忙慌

地找着车钥匙——明明记得就放在门厅柜上了，怎么不见了？急得出了一脑门汗，最后在昨天穿过的上衣兜里，发现了钥匙的踪迹，而后长舒一口气，有惊无险。

衣物很多，可选择性却很少；房间很大，却找不到下脚的地方；东西胡乱堆放，经常找不到需要的东西……这就是YOYO，一个外表精致的女孩，在现实中的生活写照。

YOYO是我的高中同学，在一家外贸公司做专员。公司位于国贸附近，而她住得又比较远，每天通勤路上就要花费2个小时，还不算早起洗漱、化妆、打扮的时间。除了周末以外，YOYO的家基本上就是一个睡觉的栖息地，也没什么时间来收拾。

好不容易熬到周末，YOYO又会给自己安排各种娱乐社交活动，约同事逛街，和朋友会面，抑或参加社团活动。总之，她似乎一刻都不想在家待着，习惯去找一些事情把自己搞得很忙，让自己的外出显得合情合理。

偶然的一次，YOYO和我聊天，说起了她的感情生活。原来，两年前她和男友分手了，两个人交往了六年，原本都有了结婚的打算，没想到因为对方家庭的原因，还是分道扬镳了。尽管是和平分手，好聚好散，没有太多的怨怼情绪，可生活的方式终究发生了巨大的改变。

原来，日子是两个人的，无论是吵吵闹闹，还是嬉笑打闹，总是有一个人陪在身边。在家下厨也好，出门吃饭也罢，总不至于形单影只。近两千个日日夜夜，YOYO早把对方当成了生命的一部分。忽然间，生活的世界里就只剩下了自己，她无所适从。

刚失恋那会儿，YOYO请了病假，在家里窝了一个星期。凌乱的房间，无序的作息，冰冷的锅灶，让她更觉得孤寂和难熬。为了逃避这一切，她开始频繁外出，不停地往人群里扎，为的就是躲开这份痛苦。

时间久了，习惯成自然。YOYO自己也没有觉察到，她之所以不喜欢待在家里，任由房间和物品凌乱着，都是因为她不知道该如何自处。那次谈话后，我给YOYO提了一个建议：周末留给自己三个小时，认真把小家规整一下，看看会有什么不一样？

我深知，要修复内心的创伤，处理好与自己的关系，不是通过一件事情，更不是通过一次整理房间就能够实现的。但起码，在这个过程中会有一些反思，会有一些别样的感受。我们内在的那些积极信念，不都是借助一次又一次美好的体验，内化而成的吗？

内心是混乱的，生活也难有条理；我们居住的房间，其实就是生命状态的折射。当我们把那些老旧的、无用的、伤情的物品统统装进垃圾袋，让落满灰尘的窗台重新呈现光亮，把随意堆放的衣服挂上衣杆，积郁的心情也会变得明快很多。

家，是我们的第一道场。清理杂物的实质，就是在清理内心，与自己相处。

## 19

# 定期清理家中的杂物，保持温馨整洁的状态

清理物品的本质，是对其进行筛选和归类。

——【极简便签】

看日剧《我的家空无一物》时，大概是太容易入戏了，看到女主角置身于原来那个堆满杂物、无处下脚的家里，我的心也感觉很逼仄、很拥挤。后来，当她开始过上极简生活，把那些无用的东西全都清理掉，独自躺在干净明亮的客厅地板上时，我的心也豁然开朗。

生活在一线城市的人，大都能够感受到生活节奏之快。早上，匆忙地起床，顾不得吃早饭，就要去赶公交地铁，奔波在通勤的路上。辛苦了一整天，又置身于拥挤的人潮，在夜幕中疲倦

地回到家，可能还要自己下厨做晚饭，待喂饱了自己的身体后，有子女的父母还要开始辅导功课的艰难旅途。终于忙活完了一天的任务，哪怕厨房还有一些碗筷堆砌着，哪怕房间的地板已看出脏了的痕迹，却也再无力去收拾。

这是生活残酷的一面，毕竟都是血肉之躯，谁也无法变成超人，在承受着高压的工作之余，还能像有全职保姆在家一样，把各个角落都打扫得一尘不染。对于普通人来说，这真的太难了，在工作日无法平衡事业与家庭的时候，放自己一马没什么不好。

但，这样的允许当是有期限的，我们该警惕的是，把这种偶然的凌乱当成一种必然，最终任它成为常态。家，应该是温馨的、美好的，能带给人惬意和放松的，无论在外面承受了多少委屈，付出了多少辛苦，在迈进家门的那一刻，应该能长舒一口气，找到安慰与自在。

有没有一种可能，在不耗费太多精力的条件下，让家尽量保持温馨整洁的状态？

答案是肯定的，这也是我喜欢极简生活的一个重要原因。里面的逻辑不难理解：物品越多，我们为此消耗的精力越大，哪怕不去动它们，这些东西依然在侵占家里的可利用空间。要彻底解决这个问题，就需要定期进行家庭大清理。

我现在是一周对家居进行一次彻底的清理，时间大约是2小时，周六早上睡个美好的懒觉之后，就会开始这项活动。到中午处理完毕后，再好好地享受午餐。接下来的一周，只需每天抽空做一些简单的清洁，就能保证小家的整洁状态。

不过，上述的这种情形，是需要前提条件的，那就是要先完成彻底的、将物品极简化的清理过程，且这个过程是持续的。简单来说就是，如果你只是做家庭扫除，而不进行物品的清理，做这件事要花费的时间就不仅仅是2个小时了，且很难保证效果能够维持一周。

那么，清理物品要从什么地方入手呢？

不要着急，家里有多个房间，物品繁杂混乱，我们不能指望一下子就把所有的问题都解决掉，把整个房子都清理完毕。每次，我们只要关注一个区域就可以，如大到一间卧室，小到一个柜子，或者一个抽屉。通常，从最简单的地方开始，最容易让我们积累成就感。

清理物品的本质，是对其进行筛选和归类：

· A类：需要保留的物品。

· B类：需要收纳到其他地方的物品。

· C类：需要处理掉的物品。

做好分类以后，把要保留的A类物品放回各自的位置，常用的放在显眼处，不常用的往后放；把B类物品放到它们应该待的地方，如沙发上放着的玩具，把它们放进玩具箱；椅背上挂着的脏衣服，放进脏衣篓。

至于需要处理掉的C类物品，我们可以继续进行分类——扔掉、送人、出售。然后，以恰当的方式分别处理。总之，不要让它们继续待在那里，要尽快解决，不然的话，它们很快又会乱成一团，让你感到头痛。

在清理C类物品的时候，最好一边行动一边思考，在脑海中对“杂物”形成一个清晰的定义。比如，有人认为杂物是“无法为生命增值的东西”，也有人认为是“干扰自己过上应有生活的东西”。我在清理物品的时候，会做这样一个判断：某件东西，我不知道它有没有用，或者也不觉得它很美好，那我就会把当成杂物清理掉。

改变，从最细小、最简单的行动开始。希望阅读完这篇小文之后，你可以尝试着去清理一个抽屉，把它作为启动机制。唯有亲身体验了这个过程，并真正清理掉了杂物，才能够领会到这样做的美妙。若只在内心憧憬的话，生活永远都是老样子。

20

## 保留“唯一”的物品，把“重复”的清理掉

即便拥有某一件物品是好的，也不意味着拥有更多就会更好。

——【极简便签】

在清理杂物的时候，我们的内心可能会冒出这样的声音：“这件东西要不要保留，万一将来要用怎么办？”结果，有80%的概率我们会留下那件物品，但也有80%的概率在今后的生活中并没有发现自己需要它。

这是不是意味着，有这样的念头是多余的呢？当然不是。

我家里有一条浴巾，是几年前买的，但通常在家里洗浴时不会用到。我在收拾衣物的时候，也想过把它丢弃。可是，转念一想，去健身房游泳的时候，浴巾有保暖的用途，的确有保留的价

值。然后，它就被留在了储物柜里。

但，与此同时，我处理掉了与浴巾相似的物品——毛巾。我细数了一下，家里至少有六七条毛巾，大的、小的、薄的、厚的，可实际上有两条毛巾替换着用就足够了。于是，我就把储物柜里叠放的一摞毛巾做了筛选，留下了质量最好的两条。

这也是清理杂物的一个小窍门。如果担心把某件物品处理扔掉后，将来会觉得后悔，那不妨保留“唯一”的物品，处理“重复”的物品。浴巾我只有一条，真的扔掉后，我可能去游泳时会发觉到没有它很不方便，所以浴巾就可以保留。至于毛巾，多了也是叠放在储物柜，不妨选出最优的，把其他重复的清理掉。这样一来，不仅不会影响日常使用，而且还能腾出更多空间。

有时候，家里之所以会存在过多重复的物品，是因为我们掉进了一个思维怪圈：如果拥有一件物品是好的，那么拥有更多岂不是更好？然后，我们就积攒了一堆毛巾、床单、行李箱、杯子……，这样的清单可以列得很长。

当我们把多余的物品清理掉之后，很快就会发现一个小惊喜：家里能看到的那些东西，往往都是自己很喜欢的。然后，我们也更愿意去使用它们，而在使用的过程中也更能留意到它们的变化，比如哪个零件需要修理了，或者是需要更换了。这个时候，我们才是真正地在跟物品亲密相处，而不是只拥有，却视而不见。

## 21 收纳不是把东西藏起来，而是保留真正需要的

不能因为收纳箱好用，就疯狂地购买收纳箱，走另外的极端。

——【极简便签】

应朋友雅莉的邀请，某个周末到她家小叙，享受一个美好的下午茶。

雅莉去年刚搬了新家，当时看到了房子装修后的效果图，简单别致。最吸引的人，莫过于那个阳台，看起来古朴素雅，若是装点上一些花草，再摆上一张小桌，真是惬意。想象的画面很美好，在路上的时候，我就有点迫不及待了。

真的踏进了雅莉的家，我瞬间感觉头都大了，这真是那个新房子吗？客厅里有一套欧式的家具，沙发本身就很宽大，电视柜

也很宽，中间再放个茶几，空间就变得很狭窄了。沙发上和地上散落着孩子的玩具，桌子上还堆放着大人和小孩的零食，阳台没有我想象中的桌子，而是扔了一架落了灰尘的跑步机，踏板上还摆着一台动感单车，晾晒的密密麻麻的衣服，把所有阳光都遮住了。

雅莉不好意思地笑了笑，跟我说："没办法啊，有了孩子就这样，收拾完了就给弄乱了。今天阿姨不上班，孩子跟爸爸去了奶奶家。我难得清闲，也没顾得上收拾，刚刚还在卧室整理衣柜。"我朝卧室望了一眼，一堆尚未收拾的衣服扔在床上，堆得有一米高。

"亲爱的，你这么收拾的话也太累了！而且，找东西很不方便，很容易就给弄乱了。"我忍不住发表了一下意见，看着她这凌乱的小家，原本畅快的情绪也受到了干扰。

"是啊，可说实话，我真的不知道怎么收拾，家里的东西太多了！很多都是零碎的，可又还需要用，不知道怎么样才能既快又好地把它们整理出来。"雅莉也很无奈，这也是很多家里有了小孩的妈妈共通的烦恼。

要彻底解决家里凌乱的问题，定期清理杂物是不可少的。即便是很爱收拾的人，如果只添置物品而不丢弃，再大的空间也是不够用的，一定会越来越拥挤。在把杂物清理掉的同时，要保证家里整齐有序，最简单的办法就是充分利用收纳箱。

就收衣服这件事来说，曾经也困扰我多时。后来，我入手了宜家的一个两开门衣柜，所占家居面积并不大，但亮点在于同时给它配备了六个长方形的大收纳盒，摆放在底下的两个隔断上非常合适。这六个收纳盒，把衣服进行了分类，春夏的上衣和裤子，秋冬的毛衣和裤子，把当季的衣服放上面，穿不到的放下面，每次洗完衣服，叠放在收纳盒里，找衣服也很方便。有了这个收纳盒，比单纯叠放在衣柜里要好很多，因为它们被分了类，且不会因为找某件衣服，而把其他衣服翻乱，整齐度很容易保持。

这种方式可以用在很多物品上，比如小件的内衣、袜子，可以用小型的收纳箱，每人一个，固定放在衣柜或床头柜里。孩子的玩具，可以按照不同类型分别装在不同颜色的收纳箱里，每次玩过之后，就让玩具各归各箱，这件事情孩子自己就可以完成，省得大人追在后面打扫收拾，还能帮助孩子养成良好的习惯。

家里的药品，也可以存在放一个药箱里，置于固定的位置；电子产品的数据线、充电器，也可以准备一个挂在墙上的分层布袋，将同接口的放在一起，找起来很方便；家里的其他小零碎，如孩子的小发绳、小卡子，也可以用小塑料盒来装，放在梳妆台附近。

当所有的物品都有“家”可归，摆放得整整齐齐时，家里会看起来很舒适，且收拾整理也很方便，想找什么东西，一下子就知道该去哪儿找，减少很多不必要的麻烦。另外，需要说明一点：不能因为收纳箱好用，就疯狂地购买收纳箱，走另外的极端。毕竟，收纳的前提是，保留我们真正需要的东西，舍弃不必要的杂物，而不是把所有物品都一股脑塞进箱子，那样就变成自欺欺人了。

在保持家居整洁度的问题上，还有一些小tips可以给我们的生活带来帮助：

·每天清晨起来后，先把床铺整理干净，保证床上无杂物。

·饭后立刻洗碗，没人愿意走进一个洗水槽里堆满脏碗碟的厨房。

·给衣柜留出一些空间，方便家庭成员快速地取放。

·保持所有台面干净整洁，包括厨房的料理台、饭桌、书桌，切忌堆放杂物。

·阅读完的杂志和报纸，随手就把它们处理好。

·发现没有用的物品，立刻将其丢进垃圾桶。

·每天晚上把所有物品放回原位，在干净整洁中迎接新一天的开始。

## 22

# 剥离非必需的物品，更能体会到旅行的意义

过剩的物品，无法同频的搭档，会让旅行的体验大打折扣。

——【极简便签】

上次与妹妹一家相约出游，着实是没有玩尽兴。

虽然只是短途自驾，行程不过两天，可妹妹就像搬家一样，把后备箱塞得满满的，大到被褥，小到饰品，看得令人头大。到了旅店，卸“货”就花了近40分钟，原本房间就不大，把她带的东西都安置进去，也就没什么下脚的地方了，来回走动都成了问题。

最麻烦的是离开旅店时，提前两个小时就在收拾。回去的时候，比来时的物品更多，因为在当地还买了不少东西。我也不能

站在旁边看热闹，只好跟着她一起收拾。最后，后备箱被塞满的同时，副驾驶座位的空当处，也被塞满了。

在回去的路上，我想起了《围城》里的那个观点：“旅行时最劳顿麻烦，叫人本性毕现。经过长期艰苦旅行而彼此不讨厌的人，才可结交做朋友。”抛开婚恋的问题不谈，就拿旅行这一件事来说，同行的伙伴也是需要有相似的生活观、价值观，否则的话，旅途就会变成一场磨人的噩梦。

妹妹和我的关系平日里还不错，她也是一个善良实在的人，不会在生活中精于算计。但我们实在不适合一起旅行，因为对旅行的认识和追求的体验是完全不一样的。她要的是出门在外，像在家一样生活，去尝试各地的美食，再把喜欢的东西都买回去。在游玩的途中，我更喜欢沉浸在当下，而她要拉着我给她多拍一些照片。

以前，我也会在旅行中购物，但拼命买回来的那些东西，大都压了箱底、落了灰，没办法让它们在日常琐碎的生活中保持较高的出镜率。到后来，也就不再疯狂购买了，唯一会买的是快消品，如很喜欢喝的红茶、咖啡，从入手的那一刻起，就能让它们发挥价值。

我所理解的极简生活，是通过切断、舍弃、远离生活中那些非必需的人、事、物，从而看清生活的本质，全身心地投入到一种更自我、更愉悦的生活中。从这个角度来说，携带有限的物品去旅行，选择适合的出行搭档，都是很重要的。过剩的物品，无法同频的搭档，会让旅行的体验大打折扣。

有关极简旅行，我总结了一些心得，在此做个简单的分享：

· 简行李：只带必需的行李，双肩背更实用。

出门肯定少不了行李，可是，该如何判定行李多少呢？

我的方法是：一人一个旅行箱，一个双肩背，装满即可。有了固定的容积，自然就会下意识地精挑细选。通常来说，必需品就是身份证、手机、充电线、钥匙、洗漱用品、水杯、雨伞、换洗的袜子、内衣裤，外穿的衣物酌情准备，先以满足功能性需求为主。

比如，打算要去高原地区，防寒保暖的冲锋衣是必备的，至于漂亮的衣物，可作为次要的需求。重要的物品随身携带，双肩背容量大，且比单肩包背起来要轻松，适合旅行。

· 简行程：随心自由行，少而精地游览。

条件允许的话，最好选择自由行，近途的话可以选择自驾。跟团游的体验很不好，行程安排得很满，通常是走马观花式地去不同的景点。有些真喜欢的地方，停留的时间太短，容不得好好感受一番，就要催促着离开。相比之下，自由行要舒服很多，不一定要去多少个景点，一天只游览一处景观，全身心地去体验，就是最大的收获。

·简饮食：少吃油腻，卫生与健康放首位。

去贵州侗寨玩时，吃了当地比较油腻的火锅，饭后又吃了不少水果，结果导致腹泻两天，严重影响了旅行的质量。之后，我就长了教训，旅途中尽量吃干净的、清淡的食物，保证卫生与健康，避免类似的情况再发生。

·简购物：舍弃纪念品，只选喜欢的食品。

以前去玩，经常会带一些纪念品、特产、手信，后来发现这些东西大都没什么用，放在家里就会沦为杂物。后来再出行，便不再把这样的物品带回来。但如果是喜欢的食品，如奶酪、咖啡、茶饮，这些我会少买一点，因为很快就能派上用场。

·简心情：多感受，少拍照，少闹情绪。

旅行是为了获得不同的体验，而不是为了换一个地方生气。既然暂时把工作、学业和牵绊都放下了，那就安心享受世界的美好，享受和亲近的人在一起的珍贵时光。在旅途中，偶尔发生点意外状况很正常，不要因观点不同而争执，更不必为小事较真，生活和旅行是一样的，都需要有耐心、相互包容。

在美景面前，多用心去感受，让身体亲近大自然。切忌把所有的时间都用在摆拍上，既浪费时间，又辜负了美景。如果只为了在社交平台PO照片，让所有人都知道自己去了什么地方，那就失去了旅行真正的意义。

极简旅行和极简生活一样，剥离了那些非必需的物品，我们更能认清旅行的本质，感受旅行本身带来的冲击与享受，并感受到自己的微妙变化。也许，一次两次的旅行无法让我们发生质的蜕变，但有了这样的理念，在下一次出发前，可以给自己一个更好的开始。

## 23

# 日常出行遵从简单标配，不忘带好“身手钥线钱”

碰到特殊情况，没有太多时间思考要带什么，就记住这五个字：身手钥线钱。

——【极简便签】

生活中，难免会出现这样的时刻：

有一天，你忽然接到一通电话，是家人或朋友打来的，告知有要紧的事情，让你立刻赶过去。听到这一消息，你会本能地感到紧张不安，甚至有点不知所措。一方面，你恨不得自己马上就能利落地奔出家门；另一方面，你又在焦虑要带哪些东西？生怕人走出了家门，重要的东西却没有带，那就是火上浇油、雪上添霜了。

这个问题，曾经困扰过我。后来，告诉我答案的是一位专注于生命教育的心理老师。老师讲述了一个相似的案例，情节和上面的状况如出一辙：一个北漂的男生，接到父亲病危的通知，要立刻赶回老家，和父亲做最后的道别。时间耽搁不起啊！这个时候，男生很慌张，他还要回去收拾行李吗？面对这样的状况，最需要带的是哪些东西？

老师给出的答案，只有五个字——身手钥线钱。

· 身份证。

这是个人的身份证明，无论是坐火车、坐飞机，还是住宿，它都是必需品。

· 手机。

手机是现代人不可或缺的通信工具，它能帮助我们第一时间联系需要找的人。更重要的是，在电子支付时代，手机就相当于我们的“全部身家”，有了它可以满足你的吃饭、住宿等消费支出，还能帮你在陌生的地方作为地图导航。

· 钥匙。

为什么要强调钥匙？出门的那一刻，你必须保证钥匙在自己身上，最糟糕的状况就是，一转身锁了门，发现钥匙丢在里面。这就等于，把自己锁在了门外，万一有东西没有带，想进去就很麻烦了。

· 充电线。

网上盛传一句话：“手机有电、卡里有钱、车子有油，这就是安全感。”

毫无疑问，没有电的手机，就相当于一个“废品”。出门的那一刻，一定要带上充电线。现在的很多公共场所，都有充电宝出租，火车上也有充电插座。万一手机电量不足，还有办法补救。如果没有充电线，一时间很难买到，向周围的人借用也不一定能保证型号匹配，会是一个巨大的麻烦。

·钱。

尽管现在是电子支付时代，但很难保证你所到的每一个地方都可用，万一到了小地方，只能够用现金，手里还是要有准备。有微信和支付宝，也有必要的现金，两手准备最安心。

如果碰到特殊情况，没有太多时间留给我们思考要带什么，那就记住这五个字——身手钥线钱。出门之前，清点一下这些物品是否都带了。如果确保它们都在身上，就不需要提心吊胆了，后续需要的东西，总还有时间去找补。

24

# 成年人的自由，从拒绝无效社交开始

无法给精神、感情、工作、生活带来任何愉悦感和进步的社交活动，都属于无效社交，因为投入的成本越多，内耗就越大。

——【极简便签】

曾与我合租的室友芒果，人很善良，也特别热情。休息的时候，她总会拉着我逛街，要我陪她去新开的餐厅尝鲜，饭费酒水全包。我赚3000块钱的时候，她的工资是我的两倍，还有各种提成奖金。按理说，跟这么一个出手阔绰的土豪姐做朋友，应该很开心，但实际上，每次跟她相处，我都感到无比压抑，胸口藏着一团熊熊烈火，时不时地想要喷发。

芒果约我的目的，不是为了娱乐消遣，而是为了“倒垃圾”。

每次都是刚走出家门，她就开始细数上一周的种种不爽：女同事炫耀男友送的钻戒，露出一副攀权附贵的嘴脸；老板让我准备大堆的资料，无偿加了两个晚上的班；家里遇到了麻烦事，心里特别不痛快，都是缺钱惹的祸。

听到那些话的时候，我心里积压着一打的不爽：谁的工资是大风吹来的？哪个老板没让员工加过班？谁没有几个爱显摆、招人烦的同学、同事和朋友？

在那间出租屋里，我和芒果相处了三个月，感觉心里总是慌慌的、闷闷的，她传递给我的不是生活的美好、努力奋斗的意义，而是沮丧、愤怒、嫉妒、仇恨，以及傲慢与偏见，贪心和不足。她的工作压力很大，在办公室里又无法发泄，就全堆积到了周末，一股脑儿倒给了我。

作为朋友，我理应给点儿温暖和慰藉，无奈的是，我不是刀枪不入、盔甲坚硬的铁盔甲，我内心没那么强大，只想安心地做点事，靠自己的能力一点点去改变生活。她给我的那些垃圾情绪，就像一个沉重的锁链，拴住了我的手脚，让我消极沮丧，压抑难受，心里添堵。

后来，我搬了家，跟芒果的联系渐渐少了。我不知道她会怎么想，是否觉得我薄情寡义？我只知道，人生是一个消耗能量的过程，必须要人为地加以控制，倘若不能有意识地积蓄正能量，总跟负能量的人在一起，自身的能量场就会逐渐减弱，直至消耗至尽。

我只是一个世俗的普通人，没有强大到不为外部的一切变化所动。我希望繁忙而辛苦的生活能变得有趣一点儿，可以在有限的时间里和周围的人感受更多美好的东西，而不是各自积攒着一肚子怨气，凑在一起相互吐槽。

曾有人说："成年人的自由，从拒绝无效社交开始。"

什么是无效社交？就是那些无法给我们的精神、感情、工作、生活带来任何愉悦感和进步的社交活动。在无效社交上投入的成本越多，浪费的时间、消耗的精力就越大，不仅无法从中获得内在的滋养，而且还可能引发情绪上的厌烦或是行为上的颓废。

从这个层面来说，我远离芒果的选择，也是在远离无效的社交。

那么，如何来分辨无效社交呢？在我看来，可以从以下几个方面来判断：

· 这种社交，会不会给你带来负面的能量？

· 这种社交，对你的生活和工作有没有帮助？

· 这种社交，是否带有"情分绑架"的色彩？

· 这种社交，是不是都是流于形式的点赞之交？

第一种是与负能量爆棚的人交往，就像我上面提到的舍友芒果，这样的社交会在无形中吞噬我们的精力和正能量，他们的存在就像是遮挡阳光的乌云。如果我们总是抱着圣母心态，认为自己真的能够帮到对方，最后的结果很可能是被他们消耗。

第二种是纯粹的凑热闹，为了社交而社交，比如一些所谓的同乡会、论坛聚会，一群陌生的人在一起聚个餐，其实彼此都不了解，也不太可能对未来的工作和生活产生什么帮助。这样的社交就是无效社交，投入再多也没什么回报，只是打发时间而已。

第三种是被迫参加而又不具实际意义的活动，就像形式上的同学聚会，多年不见，也没什么感情，只是出于难为情才勉强同意；抑或关系不是很亲密，却打着朋友的名义，隔三差五邀你一起吃喝。这样的社交，就是被绑架在了“情分”上，无端地浪费自己的时间，没有任何实际的意义。

第四种是存在于手机里的“朋友”，看似都是认识的，并错误地将其视为人脉，每天花费不少的时间去关注他们的动态，考虑要不要点赞，要怎样评论。其实，这些都是无效的社交，毕竟没有真情实感。很多时候，如果存在利益价值，还会彼此保留一个名录；一旦利益没有了，就只是一个空洞的符号。

与其为了这些流于形式的无效社交浪费时间，不如去跟真正的朋友小叙，哪怕什么也不说，只是静静地坐一会儿，没有寒暄与讨好，彼此却都不觉得尴尬。这，真是人间一大幸事。

## 25

## 对我们不离不弃的真朋友，不过区区 10 个人

虚假的热闹、推杯换盏的应酬，未必是真交情。

——【极简便签】

看过几期慢综艺《向往的生活》，对里面的一个情景记忆犹新。

蘑菇屋里来了一群选秀节目出现的新面孔，年轻的男女们充满活力，旁边的黄磊却表现得没那么热情。他露出尴尬而又不失礼貌的微笑，和新秀们打招呼，然后就躲进厨房开始做饭，并对何老师感慨：今晚你们玩，我就先睡了。

屏幕外有人注意到了这一点，就在弹幕上揣测：黄老师是不是因为嘉宾太多，做饭累到自闭了？可当黄磊看到他的多年好友

老狼来了时，立马就露出了会心的笑容。前后的两张面孔，差异如此之大，忍不住让网友们对其吐槽。

晚餐后，酒过三巡，黄磊才把内心的真实想法说出来："因为我跟你们不熟，我也没必要和不熟的人瞎掰扯，所以你们进来和我打招呼，我也没那么热情。"

其实，黄磊说的是自己心声，只是出于他的知名度和身份，遭到了很多人的谩骂指责，说他不懂人情世故，装一下不可以吗？当然可以，但撇开黄磊的知名演员身份，他已是一位历经多年风雨的中年人，且对他的经历稍作了解就会发现，他本身就是一个"行走半生，得三五知音，足以慰风尘"的人。

社会学家做过一项研究：人的一生中，同时交往的朋友数极限，分别是10个、30个和60个。换句话说，我们一生中真正的朋友不会超过10个。

听起来似乎少得可怜，但这些人却是能够在我们身陷囹圄时不离不弃、伸手相救的人；另外的30个，是时不时会联系的朋友，偶尔一通电话、几条消息，知道彼此过得怎么样就够了；最后的60个，是关系最淡的朋友，因为某种机缘巧合相识，互换名片、互加微信，对彼此有印象，仅限于此。

说白了，会对我们不离不弃的真朋友，不过区区10个人。

你可能也看过那个社会实验短片——《你手机里的常用联系

人有几个》，几个参与者的手机里，好友数都过千，可当节目组提出，删掉那些只会在工作和应酬中才会联系的人后，不少人惊讶地发现，他们的联系人只剩下二三十个。

当条件变得更加苛刻——除了家人，能说真心话的有几个？结果是，只有两三个人。而被问及和这些人最后一次联系的时间，很多人都沉默了，因为许久都没有再联络过了。当节目组让他们主动打电话给这些朋友，有些人能跟朋友兴奋地叙旧，有些人得到的却是忙音，或是被对方挂了电话。

人生海海，能陪我们走一程的人很多，陪我们走一世的屈指可数。那些虚假的热闹、推杯换盏的应酬，未必是真的交情。真正的朋友宛若星辰，在你鲜衣怒马、阳光明媚时，他不会来凑热闹，可当你落入无边的黑暗时，他却会第一个出现，用微弱的光芒帮你照亮前路。

人活到一定的年龄和层次，都会开始为自己的人生做减法，不再像青春年少时那样，摆着胸脯炫耀着讲，自己认识谁，身边有多少“朋友”，相比数量，他们更在乎的是质量。

主持人涂磊曾坦言：“我应酬很少。从前觉得，应酬是一种成功，现在觉得，总是应酬的人，都是失败的人。要么是渴望利用应酬，去陪别人来获得事业；要么就是享受应酬，让别人来陪自己活得虚荣，这两种人都成不了大事。”

他的语言一向犀利，却也一针见血。

真朋友，往往都是有点“像”的人，有共同的价值观、相似的想法，或是求同存异。但有一点，他们一定不需要你费尽心思地去讨好，彼此在一起相处都觉得舒服，有相同的志趣，一起谈天说地，一起学习成长，一起成为更优秀的我们，也是足以慰风尘了。

## 26 到哪儿都合群，不过意味着关系停在肤浅的层面

以失去自我的方式融入群体，我们就会像一锅粥，每个人都失去了个性、独特性和完整性。

——【极简便签】

读大学的时候，我就是一个不太喜欢热闹的人，经常会跑到图书馆里躲清静。但有些时候，我却躲不过去，那就是舍友生日。寿星要请客吃饭，大家礼尚往来，都得为她准备一份小礼物。价格并不算贵，几十块钱而已，但我内心并不喜欢这样的互动方式。

碍于面子，每次我都应邀参加了。席间，聊的话题没有太多的营养，偶尔我会走神，觉得这两三个小时，还不如去看场奥斯卡的电影，起码也是精神食粮。现在的我，能够理解自己当时的

想法：既然住在同一个寝室，就要努力跟室友保持良好的关系，这有利于“生存”。所以，宁肯牺牲点自己的偏好和感受，也要尽量做到合群。

终于，熬到了毕业，再不用给舍友过生日了。可是，这样的聚会邀请却依然不间断。偶尔，会有舍友在群里组织春游、秋游、BBQ，我如约参加了一两次，大概就是每个人缴纳一定的活动经费，多退少补。整个聚会的过程，和上学时没有太大的差别，相互聊得无非还是谁家的衣服、谁家的饭菜、谁家的男友，没有一个是我感兴趣的话题。

再后来，我开始回绝这样的应邀，也终于有勇气面对自己的心声了。

起初，关系相对较亲近的同学会劝解我，说好久不见一起聚聚，联络感情。我也没有再隐瞒，如实告知：“我平时的工作很累，休息的时候就想陪陪家里人，或者安静地待会儿。大家有聚会时都想着我，我很感谢，但也希望各位理解我。”

每个人都有必要去合群，但不是要合所有的群。为了合群而委屈自己，违背意愿去参与某些社交活动，无异于把生活和自我的掌控权，都交与了他人。更何况，生活和工作本身已有一连串让自己感到疲惫的问题，好不容易留下的休息时间，真的不应该再被那些内心不喜欢的社交霸占。如果我那样做了，也许能换得他人的一句认同，但我却没有做到尊重自己。

现在，距离大学毕业已十余年，尽管和舍友的聚会次数很少，但随着年龄和阅历的增加，她们似乎也越发能够理解我的决定了。同学也好，朋友也罢，在一起相聚的目的就是为了放松和愉悦，每个人的性格和喜好都不一样，消遣的方式也不相同，没有必要强拉硬拽。

在很多人的意识里，不合群似乎是跟社交能力差划等号的，所以时常会逼迫自己去融入某一个群体。这样做，真的有必要吗？人与人在性格上存在差异，有些人向来都喜欢往人群里扎，而有些人则倾向于独处。在我看来，如果这就是他的本性，是他最自然的状态，没有什么好与不好之分。唯有在两种状态之前加上“刻意”二字，才是真的需要反思。

当我们刻意去做一件事时，必然会违背自己的意愿，打乱自身的节奏，牺牲一些自我，否则是很难平衡的。往往，我们牺牲的那部分，都是自己真正在意的。就像身在职场里，如果你不喜欢喝酒，那就没必要在应酬中逼迫自己喝；如果你不喜欢玩游戏，也可以在室友拉你入队的时候，果断地拒绝。那些非要牺牲你的想法，而要你顺从多数人意愿的朋友，也算不得真正的朋友，因为真心交往的前提需要相互尊重。

美国心理医生斯科特·派克说：“如果我们以失去自我的方

式融入群体，我们就会像一锅粥一样，每个人都失去了个性、独特性和完整性。”当然，我们不必成为一锅粥，我们可以像沙拉一样，保持各自完整的成分与丰富的口感，呈现在一起。

余生很长，愿我们都能多一点真实，少一点伪装；既尊重他人，也尊重自己；跟随内心的节奏前行，在人际关系中感受从容与舒适，而不是平添别扭和拧巴。

27

## 拒绝是简化生活的关键，不懂割舍必然陷入混乱

那些让你勉为其难的事情，清清爽爽地跟它们告别吧！

——【极简便签】

“已经连续一个月没有休息过了，这个星期好不容易把项目做完了，准备在家好好待一天。没想到，朋友打电话过来，让我帮他去做一个程序。说实话，真心不想动，可朋友难得开一次口，还提前订好了吃午饭的餐厅，我就没有拒绝。”

“晚上回到家，深感疲累。虽然活不怎么太辛苦，可吃饭、聊天、往返路程也耗费体力和精力。可是，想起帮朋友做完那个程序后，他拍手叫绝的样子，心里还是挺欣慰的。至少，觉得自己在朋友那里还是有价值的，也没白忙活。”

这样的内心独白，你曾经有过吗？或许，你经历的纠结时刻比这更多：

朋友找你帮忙，你内心不太愿意，却还是不好意思拒绝，最后答应了。然后，你就想：既然改变不了处境，那就改变一下心境吧！毕竟，帮助别人落个好名声，就算身体累一点，也是值得的。

远道而来的大学同学到了你的城市，邀请你共进晚餐，并告知明天一早就要离开。可你刚刚出差回来，正要在家陪伴爱人和孩子，碍于面子你最后去赴约了。赴约的时候，你并不享受那场小聚，回家的时候，又遭到了爱人的一顿埋怨，以及孩子的不悦。

生活中，这样的问题俯拾即是。但很多时候，我们却会神奇地说服自己，通过转变看问题的角度，来实现自我安慰。只可惜，这种安慰，仅仅是短暂的精神胜利，真实的感受并不会消失，而最终的那一份沉重，依然要我们亲自承受。

为什么我们宁愿绕这么大的弯去欺骗自己、安慰自己，都不肯遵从自己真实的想法，干干脆脆地拒绝呢？

原因就在于，每个人心里或多或少都有一点圣人情结，内心的崇高感经常会让我们冲动，不知拒绝，忘我地接受他人的请求。在做这样的抉择时，我们忽略了结果：盲目地接受他人的要求，不考虑自身的情况，就要背负沉重的压力，损害自己的身心健康，破坏真正重要的关系。

极简，需要断舍离，而拒绝就在其中。让生活变得轻松而简单，就是要保留自己真正需要的东西，知道什么事情、什么人对自己而言是重要的，同时拒绝和舍弃那些不必要的事物与关系。拒绝，是简化生活的关键，不懂拒绝就无法割舍，无法割舍必然多些混乱。

所以，对于自身的实际情况，我们要多进行分析和衡量，对无能为力的请求，要干脆地拒绝。不要以为自己是不知疲倦的机器，高估自身的实力，盲目地来者不拒。那样的话，生活只会变得一塌糊涂。

刚开始做自由撰稿人时，为了能跟出版方维护合作关系，但凡有编辑约稿，我都不敢轻易拒绝，总担心这一次没有跟对方合作，今后就可能会失去对方的信任。结果，每天有14个小时的时间，全都被工作占据了，晚上躺在床上的那一刻，我的脑子都是胀痛的。

这样的状态持续了两三年，我的身体严重透支，总是频频掉发，还出现了抑郁的情绪。不得已，我开始对工作方式进行调整。我决定，先减少一半的工作时间，给每天的工作定量，如完成5000字即可。如果状态好，能够提前完成，剩余的时间可以看电影、看书，或是到户外的公园散步、慢跑。对于编辑的约稿，根据自己的实际情况有选择性地接受，不太感兴趣的、不太擅长的，都予以婉拒。

拒绝的结果，并没有我想象中那么糟糕。那些没有达成合作的编辑，没有怀疑我的能力，而是期待下一次的合作。我的做法，也得到了不少编辑的称赞与欣赏，认为我是一个对自己、对他人、对工作都很负责的人，拒绝是为了保证自己有充沛的精力，也保证作品有好的质量，不为眼前的利益而迷失，这样的伙伴是值得长久合作的。

这就如同瑞·达利欧在《原则》中谈到的观点："当你培养人际关系时，你的原则和别人的原则将决定你们如何互动。拥有共同价值观和原则的人才会相处融洽。没有共同价值观和原则的人之间将不断产生误解和冲突。"

任何时候，尊重自我都不为过，而那些真正信任和尊重我们的人，也不会因合理的拒绝而恼火。所以，那些让你勉为其难的事情，清清爽爽地跟它们告别吧！人是难以欺骗自己的，就算当时违心地选择了接受，内心的不情愿也不会放过你，它会不时地搅乱你的安宁，而你原可以不必承受这些。

28

## 关闭“朋友圈”，把时间留给更有意义的事

在某些时候，“眼不见为净”的做法是有效的，它降低了直接诱惑。

——【极简便签】

早上6点钟醒来，6点40还躺在床上；晚上10点钟上床，11点半还没睡着……我想，你一定猜得到，沉浸在这种状态中的人，赖在床上的时间都在做什么？没错，刷手机。

也许，不只是睡前和醒后，在去公司的路上、正式开始工作之前、中午吃饭的时候，都要把手机紧紧地握在掌心，拼命地翻看朋友圈，看微博里的新段子，抱怨两句自己的烦心事，庆祝一下内心的小确幸。

不知道你有没有听过那句话？世界上最遥远的距离，不是我

不在你身边，而是我在你身边，你却在玩手机。有人调侃这样的情景说，百年前躺着吸鸦片，百年后躺着玩手机，姿态却有着惊人的相似！

我们就这样被手机绑架了，自己却浑然不知，想起来真是可怕。有多少个午后，我拿着手机翻看朋友圈、公众号，暂时忘了时间的概念，待感觉眼睛酸了，脖子疼了，再看一眼时间，竟已从12点半溜到了14点，一个半小时，想不起来自己做了什么。好像是读了几篇文章，但这种碎片化的阅读，总是看的时候频繁点头认可，关闭网页后就再无印象。

就连天性喜欢玩具的小孩子们，也被手机短视频诱惑得难以自持。小手指头上下滑动着页面，看着各种搞怪的视频，嘴里时不时地冒出一句流行语："我太难了。"生活不再有真实的温度，所有的生活都呈现在手机里。

朋友相约一起吃饭，静静地品尝每一道菜肴，安心地聊一聊天，应该是最美好的体验。可这一切，总是被手机拦腰折断——"先别吃，我先拍个照"，终于拍完了，却还要反复修图，再发到朋友圈、微博，而后终于肯吃两口菜了，还没顾得上互动，手机又被拿起来，看看有谁在点赞，有谁给出了评论。这样的聚会，变得很无趣。

为什么现代人都喜欢拿着手机不停地刷刷刷？问及原因，答案惊人的相似：无聊。不管是坐地铁、乘公交，还是等车等人，总会有一些碎片时间，这个时候刷刷微博、朋友圈、抖音，就成了打发时间最好的方式。然而，很少有人细思：为什么会感觉无聊、没事可做？刷手机能帮助我们填补内心的空虚，带来更多的快乐与幸福感吗？

很遗憾，手机做不到。1998年卡内基·梅隆大学的研究者罗伯特·克劳伯特发现，人们上网的频率越高，就越感觉孤单沮丧，与周围人联系就越少以及自身的幸福感也越低。

另外的一项研究还表示，在发微博、看朋友圈上花费的时间越久，越容易产生嫉妒感。原因就是看到与自己年龄相仿的熟人，生活得比自己更光鲜（哪怕事实并非如此），也会在无形中给自己造成压力，感到失落和不开心。

我的朋友圈功能，关闭已经有半年了，只是偶尔想了解某朋友的近况，才会特意去点开查看。这样做的原因就是，避免打开微信的那一刻，被朋友圈更新的“小红点”吸引，习惯性地去打开浏览。尽管只是一个不起眼的动作，但每天刷上10次，每次3分钟，就会耗费掉30分钟，而很多时候，我们不仅仅只刷3分钟，看到好看的文章推荐，可能一次浏览就得花掉10分钟。为了不让它干扰自己，我索性就把朋友圈的功能关闭了。

在某些时候，“眼不见为净”的做法是有效的，它降低了直接诱惑。如果把醒来、睡前的时间用来冥想，或是读一两页书，叠加起来的收获也是很大的。当点击朋友圈、刷微博和抖音，不再是习惯性的动作和行为，我们也会意外地发现，没有它们的日子也没有失去什么。相反，我们会选择做一些更有意义的事，真正地告别无聊。

## 29

# 控制微信聊天的时间，认清通信的本质与目的

主动做出抉择，为自己创造一个干净的、简单的环境，是很可贵的，同时也是自律的。

——【极简便签】

上大学的时候，每个月的短信条数和通话时间，都是根据所选套餐种类而定的。那时候，每次给父母或朋友打电话，都会不时地看一下通话时间，争取赶在下一分钟开始前，把事情讲述完，迅速挂断电话。这样一来，就能节省1分钟的话费。如果是长途电话，那就更得精打细算了。

自从有了微信，这样的担忧似乎已经不存在了。无论是发消息还是发语音，所用的都是流量，而流量费又不算太昂贵，有Wi-Fi就更不用担心了，可以语音电话或视频聊天，一切都来得太

方便。就这样，不管在什么地方，在做什么，都可以拿着手机发微信，哪怕是鸡毛蒜皮的小事儿，也可以随时随地分享。这种无拘无束的畅快感，也让现代人对微信产生了强烈的依赖。

但，事物都有两面性，便捷的同时，也会有麻烦。

微信，有效地提升了沟通效率，缩短了沟通成本，可它也在无形中偷走了大量宝贵的时间。联系人繁多、消息过密的时候，还可能让我们错过一些重要的内容。

我有一个同行伙伴，每次因工作事情联系她时，很少能够在第一时间得到即时恢复。开始不免有些着急，但后来她告诉我：工作期间，她的QQ和微信都处于屏蔽消息的状态，虽然也在电脑上挂着，可只在固定时间去查看和回复。平时，她是9点钟开始工作，从9点到11点半这段时间，她会把所有精力都用在工作上，不会中途去查看通讯消息，以减少干扰。

从11点半到12点，这半小时内，她会统一处理通讯消息。不重要的群发消息，就直接删除掉；重要的问题，简明扼要地沟通解决，尽量把沟通时间控制在半小时之内。这样的话，既不影响吃午饭，也不会因闲聊而浪费更多的时间。

在我看来，能够主动做出这样的抉择，为自己创造一个干净的、简单的工作环境，是很可贵的，同时也是自律的。生活中，有不少喜欢煲电话粥的朋友，不管是重要的事情，还是家长里短的琐事，总忍不住找个人絮叨。要紧的问题说完了，最后再聊的都是一些嚼之无味的内容，我们真的没有必要把时间浪费在这上面。

无论是从前的手机短信，还是后来的QQ，以及现在的微信，归根结底都只是一个通信工具，这是它最为基础的功能，也是我们最为需要的功能。通讯的目的是什么呢？回归到问题的本质，就是为了即时联络，保证消息准确、快速地传递，提高沟通效率，节省时间。

倘若忽略了这一点，将其视为娱乐工具，那就是舍本逐末了。

## 30

# 卸载不必要的 APP，让手机与生活恢复简单

> 极简的意义，就是让我们从繁杂中逃脱，回归到简单质朴，看清真正的需求，不被欲望牵着走。
>
> ——【极简便签】

打开你的手机界面，请思考以下几个问题：

· 你的手机里有多少款APP？

· 这些APP分别归属于哪一类？

· 有几款APP是生活中不可或缺的？

· 有几款APP是出于新鲜感和打发时间下载的？

· 你每天在这些APP上花费的时间是多少？

· 只保留最需要的，你会删掉哪些APP？

问题似乎有点多，但却是我们不得不面对的。现代生活中，

浪费生命的最高效途径，莫过于玩手机。互联网女皇2016年的数据显示，中国手机用户平均每天在手机上花费3.3小时！对很多年轻人来说，这个数据八成是低估了的。

手机，就是一座虚拟的房子，APP就是里面的物品。打开手机界面，APP井然有序，都是日常生活的必需品，没有一样是多余的，那我们就不会在这上面耗费太多不必要的精力。如果APP繁杂混乱，新闻、娱乐、游戏、学习、财经等统统都有，一切都从“喜好”出发，那就必然会为它们付出相应的代价，比如占据大量的手机内存空间，导致手机反应缓慢；或是在APP上浪费大量时间，而后感到自责愧疚。

极简的意义，就是让我们从繁杂中逃脱，回归到简单质朴，看清真正的需求，不被欲望牵着走。想不变成手机的奴隶，就要说服自己摆脱虚拟的世界，删掉不需要的APP，让手机和生活回归清澈。

那么，有哪些APP是可以删掉的呢？

上述问题，具体因人而异，在此我仅分享一下个人的心得：

· 手机自带的、几乎不用的APP软件。

手机买来的时候，里面就有系统自带的APP。我基本上一年都不会用到几次，任由它们占据内存，着实是一种浪费。所以，能够删除的，我就全部都清掉了。

·耗费时间的、弊大于利的娱乐APP。

这些APP通常都是会无情吞噬时间的高手，比如抖音、王者荣耀、斗地主、糖果消消乐等，它们会给我们带来麻痹的、及时行乐的快感，但我们都很清楚，那不是真正的快乐。在这些APP上刷了两个小时以后，得到的不是满足，而往往是内疚与自责。

当然了，如果你能够保证在娱乐的同时，控制好时间，那也可以不删。以我自己来说，用微博很多年，里面经常会有一些粉丝互动，偶尔我也会分享自己的文章，但每次刷微博的时间不会太久，所以微博我就一直保留着。

可是，抖音这个APP我就没有保留。原因很简单，刷了半小时后，我没觉得有特别大的收获，只是觉得有点头晕，且有一种浪费时间的愧疚感。为此，我就把抖音卸载了。

·看似有价值，但会经常带来干扰的APP。

这类APP很容易让人上瘾，我们在里面会不时地有一些意外收获和启发，故而就认为它是有重要价值的，如微信公众号、朋友圈、知乎等。

对于知识类的平台，我是选择网页版，早晚各看一次，确保不错过重要的分享。这样的做法，可以尽可能获得自己渴望的内容，又不至于浪费太多时间。

微信公众号的话，同类的我只保留一个，且最多不超过5

个。内容太多的话，根本看不过来，却可能遗漏真正需要的、想学习的。

最后就是朋友圈，我前面提到过，已经在“发现页面”将这个功能关闭，但对于自己关心的人，我会不时地浏览一下。如果不关闭这一功能的话，也可以选择“朋友圈权限”，屏蔽那些不太在意的好友，这样的话，留下的、看得见的，都是你最在乎的。

现在，我的手机界面保留的APP有这么几款：微信、微博、音乐、电子银行、读书、打车软件、地图，大致就是这些，没有太多的娱乐功能，但基本的生活需求都可以满足，有效地避免了对手机的依赖——没什么可玩，没什么可刷，自然就会选择放下。

## 31

## 减少对负面新闻的关注，是对心理的一种保护

刷社会新闻，不过是给时间找了一个快速消遣的好去处。

——【极简便签】

你在工作的时候，一定也遇到过网页弹窗，上面充斥着各种新闻标题：

“××演员为了减肥一天只吃一根香蕉，一周瘦7斤！”

“××国家一载有数百人的客轮沉没……”

“一男子将自己的妻子在地下室关了30年，原因何在？”

“……”

不看新闻的日子，总能过得平静而充满希望；频刷网页的日子，焦虑指数止不住地往上涨，很难再把关注点收回到此时此

刻，此身此地。

有一次，我看到“30出头的女青年身患癌症，晚期时不舍离世，只因内心放不下年幼的孩子……”这样一条新闻后，瞬间就产生了一种无力感，因为谁也不知道明天和意外哪一个先来？万一明天不幸降临到自己身上，那今天追求的一切是不是都丧失了意义？

思绪陷入了一阵混乱中，索性后来有工作的事宜要处理，被迫中断了对这则新闻的反刍。慢慢地，这件事就被我淡忘了，那种无力感、对生活和奋斗的质疑，也逐渐消散了。我的生活又回归了往日的轨道，又能体会到那些细碎的美好。

现在想想，这件事真的是一个启示：网页上的那些社会新闻，各种奇闻怪事，跟我们的关系紧密吗？恐怕90%都是无关的！我们有必要知道那些事情吗？就算知道了，又能怎样呢？在信息爆炸的时代，新闻报道者为了博人眼球，有时会刻意起一些有冲击力的标题，报道一些不好的、灾难性的事件。偶尔看到一两则的话，倒也还能消化，可当类似的新闻不断地涌现出来，我们的思维和生活，就会逐渐受到影响。

实际上，灾难是现在才有的吗？在人类尚未出现之际，自然灾难就已经存在，而在过去的历史长河中，灾难也从未远离。只不过，那时候没有发达的网络，我们不得而知罢了。现在，社会新闻频繁呈现在我们眼前，一来是信息传递比较发达，二来是我们刻意关注。所谓刻意关注，就是担心错过重大新闻，在周围人谈起时一脸茫然，感觉自己与世界脱节。

其实，真正重要的新闻，每天7点钟打开新闻联播，花费半个小时的时间，完全可以收听到。至于其他的奇闻逸事，你可以一天读10条，也可以一天读100条，只要你想，它们可以不断地出现在你眼前。但请你认真思考一下：这些新闻里，有多少是真实的？又有多少对你的生活和事业提供了帮助与启发呢？

不得不说，新闻制作者出于阅读量的考虑，经常会把一件平凡的事情渲染得出神入化，写出一篇篇吸引人的故事，再配上一些扎眼的图片。此时，你阅读到的重点，可能都是经过包装的，你读到的那些危机，也许根本不是真正的危机。

如果说，关注新闻就能够让人获得更多成功，那么记者恐怕都已经站在了金字塔的顶端。可现实是这样吗？并非如此。对芸芸众生中的我们而言，刷社会新闻不过是给时间找了一个快速消遣的好去处而已，如果把每天刷新闻的一个小时，用来学习一门需要的或喜欢的课程，用来做一两套室内的keep运动，抑或用来打扫一下房间，反倒是能够让自己、让生活有看得见的改变。

走一步有一步的风景，进一步有一步的欢喜。岁月静好的时候，去体验那些糟糕的感觉，无异于对美好时光的辜负。至于那些长期活跃在网络上的社会新闻，任由它们存在吧，选择性地去听取和关注，既是对时间的珍视，也是对自我心理的保护。

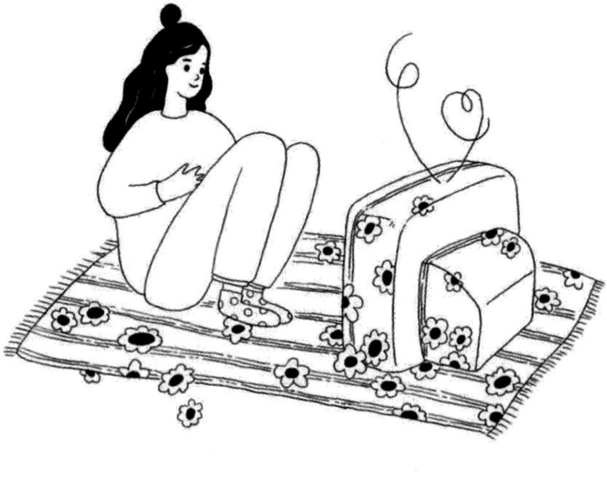

32

# 不轻信广告的诱惑，只买自己真正需要的东西

与其被广告牵制着，倒不如认清本质，主动过滤。

——【极简便签】

和几个朋友闲聊，说起各自儿时的一些“糗事”，娱乐之余也颇有感慨。

席间，某君说道：“我记得小时候，每次看到方便面的广告，都特别想吃。那时候，家里面买的方便面都是袋装的那种，不会买零散的桶装，但广告里的俊男靓女们，吃得全都是桶装的，上面有着绿色的葱花，还有大大的肉块，热腾腾的，特别诱人。

“那时候年龄还小，看事情也比较简单，总觉得桶装的比袋装的贵，就是因为里面有肉块，做出来和广告上一模一样。后

来，我攒了好多天零花钱，自己跑到商店买了一桶，回到家迫不及待地就打开了，结果我特别失望，那种失落的劲儿别提了，因为里面根本没有肉块，而且调料包和我平时吃的袋装方便面一模一样。我第一次有了一种上当受骗的感觉，心疼我那一毛一毛攒下的零花钱。”

他说完之后，大家都笑了，并纷纷表示自己也有过同样的经历，包括我在内。

其实，这也很容易解释，小孩子辨别能力没那么强，压根也不知道什么叫作“包装”，更不知道很多广告就要做成这样，才有吸引力。用家里普通的碗，把方便面的调料加进去，再倒上开水，纵然你说这东西再好吃，纵然你表现得再垂涎欲滴，也不如把画面设计得完美一点，让人在视觉上产生想要尝试和购买的冲动。

如果说儿时的我们太过单纯，容易被视觉上的完美所欺骗，那么成年后的我们，就保证不会再犯同样的错误了吗？当然不是。

众所周知，网购现在非常流行，因为不用出门就可以买东西，还可以清楚地看到商品的介绍，以及购买过的网友对此商品的评价，这些都可以为我们判断此商品是否值得购买提供信息。网购虽好，但我们还是经常会碰到类似的情况：看上了一件衣服，款式很喜欢，质地也不错，价格还很合适，拿到手里的时候甭提多高兴了，可一上身就发现问题了——不好看。明明想象着它应该是宽松的，可现在却变成了紧身衣？明明想象着领口没这么大，可现在露太多没法穿？明明想象着它应该是湖蓝，可现在拿到的怎么成了深蓝？……

为什么会这样？很简单的道理：我们的想象从哪儿来的？肯定是来自网上对于商品介绍的图片。我们对于它的样式、穿上的感觉从哪儿来？肯定是来自广告中的模特。

其实，这就是问题的答案。你看到的图片是实拍的，千真万确，但你知不知道有种技术叫作PS？你看到的衣服上身效果是宽松的，但你有没有发现模特的体重不足90斤，而且拍摄角度是把人拉长的？

再退一步来说，即便你拥有模特般的身材，用专业的方式为你拍摄，然后进行PS处理，结果肯定比你自己对镜独照时的感觉好很多，但跟衣服的代言模特相比，依然不会是同样的感觉，因为你们是两个不同的人，纵然模仿得再像，气质神韵也无法完全一样。

透过生活中的这些小事，我们该明白一个道理：很多时候，我们透过广告看到的事物，未必都是它最真实的一面，在五光十色的世界里，很多东西都是被“包装”过的，尤其是那些看起来华丽的、特别吸引人眼球的东西。如果我们太轻易地就相信它们是完美的，那就无异于掉进了一个局，设计这个局的，可能是为了勾起人消费欲的商家，也可能是我们自己的想象力。

如果我们把眼睛看到的广告中被包装过后的事物，当成了生活中它原始的样子，当有一天事实的真相摆在我们眼前的时候，我们不是对这件事物失望，就是对自己失望，总觉得结果太不完美。事实的真相是，它们本身就不完美，只是我们被包装过的外表暂时欺骗了而已。

广告这个东西，看多了容易心动，买错了容易后悔，没买到容易生气，买不起容易有压力……总之，原本平静的生活，很容易被广告搅乱。与其被广告牵制着，倒不如主动过滤，看清广告的本质，不轻易被诱惑，只做自己想做的事，只买自己真正需要的东西，足矣。

## 33 偶尔切断虚拟的网络，和自己独处一会儿

在独处中享受心灵的安静，在安宁中追求灵魂的清明。

——【极简便签】

2017年夏天，我带朋友Z体验了一次正念课程。

那段时间，Z正遭受感情的困扰。一次失败的恋爱，把她变成了网络狂人。白天，她把所有的重心放在工作中；夜晚，她就开始借助网络和朋友聊天、打游戏，熬到凌晨。

没有人知道，Z在虚拟的网络狂欢后，落寞感和空虚感是多么强烈。她害怕独处，独自在家的时候，她觉得浑身不自在，总忍不住用微信跟朋友聊天，或者把网剧的声音开到最大。此刻，要做这样的测试，对Z来说，无疑是一件难事。

一向做事风风火火的Z，才坐了一分钟，就开始东张西望，瞻前顾后。她想知道别人在做什么。两分钟过后，她变得躁动不安，往常这个时候，她不是在办公室里开着紧张的会议，就是在跟下属讨论方案，此时轻松的环境让她觉得很不适应。五分钟后，她忽然想起自己还有好几个客户没有联系，甚至想看看微信里有没有谁发来消息……八分钟的时候，她开始受不了这种心灵上的煎熬，希望测试早点结束。

时间一分一秒地过去了，Z觉得自己度日如年，从来没有这么煎熬过。时间一到，她的嘴巴闲不住了，机关枪一样，连发了几颗“炮弹”。教室里响起一阵热烈的交谈，大家仿佛十分钟没有呼吸一样，一定要立刻将十分钟的宁静补回来。

这时，老师开始讲话：“计算一下，刚才你们有多长时间在与自己独处？”

Z的答案是0。她发现，自己一直活在热闹而纷乱的环境中，从来都不曾与自己独处过。

其实，何止是Z不曾与自己独处，我们中有很多人，生活在车水马龙的北京、灯红酒绿的上海、繁华落寞的广州，白天活在热热闹闹的城市中，夜晚沉浸在纷纷扰扰的网络中，根本无暇去享受夜晚的静谧。无论是与人相处，还是与网络相伴，始终都是让自己处于一种信息互动中，根本不曾静下来，与自己独处。

伍尔夫说过：“女人要有一间自己的屋子。”

我想，这间屋子，不是指房子，而是指心灵的空间。不只是女人需要，所有人都需要。

我们活在人群密集的大城市里，无法断绝与外界的互动，这是生活和工作的需要。可当我们回到家，抑或背上行囊去旅行，能否暂时地“与世隔绝”，断了网络，杜绝信息的干扰，完完全全地和自己在一起呢？

曾经有一位女士去寺庙拜访清海禅师，她对禅师说：“只有与别人在一起、置身于喧闹的环境中，才会感觉到快乐。每当自己一个人的时候，就会觉得莫名的空虚和浮躁，看电视都会不停地换台，做什么事情都难以专注。

清海禅师提议，让她修炼“宁静法门”：起初，手拿一本书，静下心来读；而后，放下书，也能安静下来，享受与自己独处的乐趣。禅师说：“独处是一种心灵的满足。独处时，你可以做的事情有很多，读书，写作，回忆，遐想，沉思……修行的人，总是会享受独处的乐趣，在独处中享受心灵的安静，在安宁中，追求灵魂的清明。”

千百年前，人们没有网络，却也能快乐地生活；没有网络的时代，牛顿也发现了地球引力，雨果也写出了《巴黎圣母院》，火车和汽车也诞生在了这个世界上。在有了网络之后，我们的思想超越了时光与地域的界限，从二维世界一下子进入了三维或四维世界。但无论如何，网络只是网络，没有生命，只是由虚拟的声光信号构成的。没有了人的思想与操控，它就没有任何意义。

我们的生活、工作、社交都需要网络，它能让我们开阔视野，第一时间了解到发生在世界各地的新闻；它可以让置身于世界各地的人实现瞬间联络，也为教育资源的交流提供了便利。网络很强大，但长时间地依赖网络，沉迷于虚拟世界，就会降低对现实世界的兴趣，与现实疏远，情绪变得低落。

网络是一把双刃剑，控制好它，获益无穷。如果反被控制，就会侵蚀身心。我们偶尔要学会与网隔绝，和自己独处，带着思想穿过无数黑暗的深渊，让心灵拥有一种内在的安详。我们都有能力，且应当不时地去体验这样的生活——“夜那么长，足够我把每一盏灯都点亮，守在门旁，换上我最美丽的衣裳。”

## 34 人生总有一些时刻，需要坚守自己的声音

> 提升自我肯定感，努力追求美好，但也坦然接受自己的不美好。
>
> ——【极简便签】

分享发生在我身边的三位女性朋友的故事。

Mary是个独立自主的新女性，有一份收入不错的工作，每天光鲜亮丽地出现在职场。有了孩子之后，她的时间不能再像过去那般自由，婆婆年岁大无法帮忙照看孩子，无奈之下，她只得做出“牺牲”，放弃了事业，回归了家庭。对于这件事，她权衡了许久，虽隐隐有些不甘，可她终究还是爱自己的家。

辞职后，周围不少人开始冷嘲热讽：“你不是说永远都不会做家庭主妇吗？现在怎么突然想开了……”“你老公赚的钱足

够养家了，女人何必那么累呢？”听到这些声音，她起初还想解释，可后来觉得，对于不理解自己的人，说什么都是浪费。

Hanna在恋爱的路上走得很辛苦。一直以来，她知道自己的爱只是一厢情愿，那个中意的他，永远不可能跟自己在一起。幸好，还有一个男人，对自己不离不弃，周围人都说：“女人嫁个爱自己的男人才会幸福。”听得多了，她便信以为真了，嫁给了那个爱自己的男人。可是，婚后的日子她更痛苦了，和一个不爱的男人朝夕相处、同床共枕，俨然是一种折磨。

Cindy很喜欢大城市的生活，只是在偌大的城市里奔波，压力实在太大。看着周围的朋友一个个地都逃离了北上广，她也动心了。朋友私下笑Cindy傻，说在城市里无依无靠，再怎么打拼也没有未来，除非找个本地人嫁了。无奈之下，Cindy也随着人群回到了家乡。置身于狭小的县城，工作机会少之又少，家里人都只想着赶紧给她介绍个对象。几经周折，她又回到了城市里，虽看不清楚未来在哪儿，可至少还有一份希望在心头。

这篇文章，写给女性可能更为合适。女性生来就有一颗敏感的心，活得辛苦，活得不洒脱，不能随心地做自己。在人生决策的岔路口上，总是跟随着别人的思想和话语走，不自觉地改变了自己，有时为了达到别人的某种评判标准，不惜隐藏自己内心真实的想法和感受。

这也是一度困扰我多年的问题，后来迫使我走进了心理学，让我更多地跟自己相处，去认识自己、了解自己、接纳自己，不再活在他人的期待中，而是心安理得地做真实的自己，哪怕不够美好，不够优秀，但可以遵从内心的声音做选择。

生活就像是一本书，每个人都将用生命填满它的内容，而在那些空白的地方，难免会看到别人的评论。也许，别人的只言片语不过是善意的提点，根本无须多心；就算是恶意的评判，那也不必太在意。别人不是你，不知你走过的路，经历的事，所有的评价与指责，也不过是他们个人的一点看法，并非真理。你若太在意，生活必然会输给舆论。别人的闲言碎语，不过一阵空穴来风，刮过去就烟消云散了，而自己却把幸福赌在这一时的言语中了。

人生中总要有些时刻，需要坚守自己的声音。一味地将别人作为自己生活的主角，生活的基调也就不是自己所喜欢、所向往的了。在取悦别人的同时，灵魂里的声音被压抑，不敢成为真实的自己，说什么、做什么都像是戴着面具，浑身不自在。与其煎熬，不如活得简单一点，只管走自己的路，看自己的风景，明白自己在做什么，幸福地享受做自己的快乐。

## 35 整洁是一种仪式感，昭告自我回归工作状态

工作也是生活，仪式感无比重要。

——【极简便签】

放假时间久了，就找不回工作的状态，陷入节后综合征的困境……这样的烦恼，你遇到过吗？你是用什么办法解决的？不少读者朋友在公众号后台问过我，我就分享了一下自己的经验：“先别急着开电脑、忙工作，花一两个小时，把办公室或办公桌，彻底整理一下。”

为什么拾起工作，要从整理办公桌开始呢？

身为自由职业者，我一直坚信并践行，工作需要仪式感。我们的办公室、办公桌，就是仪式感的主道场，因为每天至少有8个

小时，我们要和它在一起。

所以，不管是结束周末假期，还是要另行开始一项新的任务，在正式开始工作之前，我需要给家里，尤其是书房，进行彻底的打扫和整理。第一眼看上去，书房必须要整洁有序，桌面除了必备的笔记本、显示器、鼠标和美术灯以外，不要有任何杂物。

就如日本作家高岛美里所说：“你的办公桌就是你工作的样子。”

这项整理工作，宛如是春节前“辞旧迎新”的扫除，预示着某种旧的状态、旧的项目已终结，要以最美好、最干净的状态去迎接新的开始。这样的仪式感，会让我们在内心形成一种自我暗示：一切都准备好了，你可以在干净的环境中，静下心来去做那些该做的事情了。

生活原本平淡无奇，让生活变得幸福的秘诀，就是对身边重要的事情、重要的物品乃至重要的人物，都发自内心地喜爱和尊重。仪式感，就是我们表达这种情愫的方式，借用“小王子”的话说：“它使某个日子区别于其他日子，使某一时刻不同于其他时刻。”

工作也是生活，仪式感无比重要。

每一次在收拾书房的时候，不可避免地会扔掉一些无用的东西，比如前一个工作项目用到的即时贴、参考资料，在处理它们的那一刻，我的大脑已经形成到了这样的信号：我在抛弃旧物，我要准备开始新的工作。

不要小看这样的一个行为，它能够让我们提前进入到一种预备工作的状态，清扫垃圾、处理杂物的过程，也是整理内心与思绪的过程。可能，刚刚重回办公室、坐在工位前的你，脑子里还回荡着假期的各种片段，但在整理办公物品和资料时，思绪就会慢慢地被拉回，沉浸在与工作事宜相关的问题上，甚至会思索接下来要做什么，在心里列出一个计划表。

待彻底整理完毕后，看着焕然一新的办公环境，头脑中也有清晰的工作逻辑。这个时候，再泡上一杯清茶，打开电脑，进入工作界面，就比较容易聚精会神了。

下一次，在即将开启工作前，制造一点仪式感吧！

## 36

## 实现忙而有序的第一步，是告别乱糟糟的办公桌

> 保持办公桌上永远只有必需品，可以最大程度上减少对工作的干扰。
>
> ——【极简便签】

某研究所的研究员，经过上百个日夜的攻坚克难，终于解决了研究中的一个关键问题。研究员松了一口气，他把攻克难题的资料与书桌上其他的资料放在一起，带着满足的笑容回卧室休息了。

第二天上午，待研究员醒来后，却找不到那些攻坚克难的资料了。原来，他的小孙子趁他在睡觉之际，跑进了书房，为了扎一个风筝，碰巧把那些有用的资料拿走了。当这个风筝带着孩子的幻想飞向天空，越来越高，越来越远，最终变成一个看不见的小黑点时，研究员的心血也化为了泡影。

故事的真假，我们无从考证，但这样的情境，在生活中俯拾皆是，并不离奇。

观察任何一家公司的办公室，几乎不可避免地会看到，有些人的办公桌上堆满了信件、报告、备忘录、水杯、笔筒、抽纸，甚至还有没来得及丢掉的外卖饭盒。望见这样的场景，总会让人在心理上感到混乱、紧张和焦虑。实验也证明，混乱的环境会瓦解人的意志，使人变得烦躁不安，做事效率低下。

美国西北铁路公司前董事长罗兰·威廉姆斯曾说："那些桌子上老是堆满乱七八糟东西的人会发现，如果你把桌子清理一下，留下手边待处理的一些文件，会使你的工作进行得更顺利，而且不容易出错。这是提高工作效率和办公室生活质量的第一步。"

很多时候，让我们感到疲惫不堪的往往不是工作中的大量劳动，而是因为没有形成良好的工作习惯，从而降低了工作效率，无形中拉长了工作时间。想实现忙而有序，第一步就要告别乱糟糟的办公桌，给自己创造一个清爽的、极简的办公环境。

在日常生活中，如何保持办公桌的整洁干净呢？

·第一步：对办公桌上的各类文件进行归类。

你可以找四个装信封的盒子或者是文件夹，将其分别贴上"杂志""日常事务""宣传资料""优先事务"等标记，把文件进行归类。这样做的话，日后就不会为区分它们而浪费太多时间了。

·第二步：借用笔筒、书立等对物品进行收纳。

工作少不了要用到参考书籍、笔、橡皮等物品，把这些东西统一收纳起来，避免零落地扔在桌子上，既可以腾出空间，也有助于寻找。

·第三步：定时筛选、丢掉废弃的纸质文件和其他垃圾。

平日工作中，把无用的资料即时进行处理。杂乱的工作环境会分散我们的注意力，有时候忍不住要先收拾一番再开始工作，如果能在日常生活中就保持着整洁干净，就会省去很多麻烦。如果不确定物品有没有用，也可以借助“三个月原则”来判定。任何在办公桌上放了三个月而没有被使用的东西，就可以毫不犹豫地处理掉。

·第四步：养成每天下班之前整理办公桌的习惯。

每天下班之前，把办公桌整理干净，把明天必须用的东西放在显眼的位置，把用过的重要文件进行归类。这样的话，在第二天一早上班时，能更快地进入工作状态。

保持办公桌上永远只有必需品，可以最大程度上减少对工作的干扰。人只有在由内而外都舒适的环境下才能够充满激情和愉悦，从而迅速投入到工作状态。保持办公桌的干净整洁，本质上就是对“断舍离”和“极简主义”的践行。

## 37 囤积不仅限于物品，拖延是另一种形式的囤积

在拖延的过程中，我们要解决的不仅仅是一件被搁置的事，还有当下和即将要发生的一些事，它们都会成为“待处理事件”。

——【极简便签】

极简提倡不囤积，但这种囤积不仅限于物品，也包括事件。

我们大概都有过这样的体验：原本今天有一项事宜要处理，可出于懒惰或其他原因，把它搁置到了第二天，预想着“明天”就能把它搞定。可计划赶不上变化，不曾想“明天”碰到了一些意外状况，只好把那件事继续往后拖。

在拖延的过程中，我们要解决的不仅仅是一件被搁置的事，还有当下和即将要发生的一些事，它们都会成为“待处理事件”。很显然，这就变成了一种囤积。面对囤积的事件，就跟面

对囤积的杂物一样，会让人内心心生焦躁和厌烦，同时也像那些无用的缓存占据电脑空间拖慢进程，既消耗了心力，也降低了效率。

毫无疑问，这与极简生活是相悖的。

有人针对拖延问题进行过调查，结果显示：大概70%的大学生存在不同程度的拖延行为，其中有超过50%的人自称拖延行为已经习惯化；有25%的成年人有着慢性拖延问题。在这些调查对象中，有95%的人希望有办法能够改变他们的拖延恶习。

恰如塞缪尔约翰逊所说："我们一直推迟知道我们最终无法逃避的事情，这样的蠢行是一个普遍的人类弱点，它或多或少都盘踞在每个人的心灵里。"

拖延存在于生活中每一处，存在于各类人身上，与年龄、身份、地位毫无关系。但无论是谁，沾染了拖延，都会饱受焦虑、愧疚、烦躁、不安等情绪的折磨。曾有人说，拖延等于死亡。这并不是危言耸听，拖延本身没什么可怕的，怕的就是拖延过后产生的负罪感、焦灼感，它会慢慢消磨人的心智，让人倍感煎熬，悔恨不已。

美国学者艾伦·贝克在1985年曾经提出，感觉与思维之间有着密切的关系："当我们情绪低落时，我们的思维和回忆总是向坏的方向发展，结果导致情绪更加阴暗。思想变坏之后，情绪又跟着变坏，从而进入一个越来越抑郁的下降螺旋。”

之所以强调不拖延，就是希望我们的内心保持一种不慌不忙的节奏，按部就班地去做那些想做的事，而不是将其一件一件地囤积搁置在心里，慢慢发酵成消极的情绪，要么拼命地与时间赛跑，要么带着未完成的心愿度过此生。这，都不是我们想要的结果。

有些人喜欢拖延是因为担心自己的计划不够全面，或者自己的能力尚未达到合格的标准。然而，要知道世上没有任何一个计划是绝对完美的，事物发展是一个动态的过程，随着实际情况不断调整自己的计划也是很正常的，如果你总想着积淀却不进行实践，那么你永远不会知道自己的真实水平是怎样的，只有去行动，才能不断完善。

如果你想写一本书，别把这个心愿搁置起来。你不必先去日夜翻书三百章，也不必等到自己读完中外所有名著，书籍的海洋浩瀚无边，不如立刻拿起笔写着再说，在书写的过程中你的不足、纠结都暴露出来，你的能力才能日益完善。极少有文学大家是第一本书就名垂青史的，他们大多要经过很多本书的铺垫，才能取得大的成就。

如果你想把炒股作为副业，那就开始投入资金吧。你不必先把股票市场研究数十年，也不必把百年来的经济学理论倒背如流，闭门造车不如去实战。当然，这里并不是要你盲目地投入资金，而是鼓励你可以从少量的资金投入开始，一点点摸索和发现。在直接与股票市场的接触过程中你的敏感度会逐步提高，记忆力也会更深刻。

想做一件事就别拖着，不要等到激情褪去，不要等到灵感消逝，不要等到时间溜走。一味地等待，只会陷入“不愿行动，求而不得”的怪圈。如果总是在等，却不做出行动，只会留下遗憾。金岳霖等了林徽因一生，等到鬓发花白，油尽灯枯；马尔克斯笔下，阿里萨等了费尔明娜五十多年，再度重逢时，却早已错过人生中最美好的时段；年少时喜欢一个人，等着最合适的时间告白，等到花开两朵、天各一方。

想做的事情很多，如果总是以尚未准备好做借口，或者单纯地因为懒惰而拖延，直至那些特别的心情沉淀到岁月里，经受时光的打磨，碎为砂砾、破成幻影，未免太过遗憾。

## 38

# 掌握5秒钟法则，通过行动去满足需求

人生就是由一个又一个的5秒钟组合而成的，也是因一个又一个5秒钟浪费掉的，怎么选择全由你来定。

——【极简便签】

行动，是解决拖延的唯一办法。

道理我们都懂，可真正艰难的是，如何打败行动之前的思想挣扎？就像我知道运动能给身体带来益处，但经常在踏上跑步机之前，脑海里会有两个声音在争吵，一个说“你该去运动了”，另一个说“运动好辛苦，我想晚一点开始”。

这个时候，会发生什么呢？往往，是后者占据上风，把运动这件该做的事情暂时搁置，而内心却陷入纠结和痛苦中，引发对自我的否定与怀疑。

如何才能打破这种模式，少一点纠结犹豫，让启动机制变得简单一点呢？

我想推荐一本书给大家，名字叫作《5秒钟法则》，它的观念很简单，甚至简单到单调。但，这也符合我们的极简理念，越简单越容易执行。在此，没有办法系统地介绍整本书，只对它的方法做一个小小的分享，毕竟非常实用。

为什么要叫“5秒钟法则”呢？我们先来说说这一法则的由来。

书的作者梅尔·罗宾斯遭遇了中年危机，事业进入瓶颈期，婚姻亮出红灯。与此同时，她的丈夫也面临现金流的困难，家庭的危机让她心灰意冷，对任何事情都提不起精神。每天起床时，她都要经历一场自我斗争。

忽然有一天，她看到了NASA（美国联邦政府的一个政府机构，负责美国的太空计划）发射火箭，倒数计时：5、4、3、2、1，这一刻她忽然受到了启发，她想：“明天我要准时起床……像火箭一样发射。我要在5秒之内坐起来，这样我就没时间踌躇退缩了。”

果不其然，她做到了。然后，她就开始在生活和工作中更广泛地运用5秒法则，提高自己的行动力，缓解意志力低下的问题，屡试不爽。原本一事无成的重度拖延症患者梅尔·罗宾斯，逐渐从失败的境地中爬起，并成为风生水起的人生赢家，登上TED演讲分享她的成功经验。她亲身证明了“5秒钟法则”有效，也在全美掀起了“5秒钟法则”的运动风潮。

也许你会心生疑问：只是简单的一个倒数计时，真的能让人发生这样的改变？这其中有什么科学依据吗？答案是肯定的。

梅尔·罗宾斯在TED演讲中提到过：“当你想改变你人生中的任何一个领域，有一个不得不面对的事实，那就是你永远不会感觉想去做。”我们都习惯安于舒适区，但这种做法最大的问题是，我们总是告诉自己“这样挺好”，即使得不到最想要的那个东西也会告诉自己“没有它也没什么关系”。我们的内心渴望改变，却不愿逼迫自己，这就是能一直待在舒适区的原因，也是拖延行动的症结。

假如在我们有了达成某个目标的行动直觉时，我们制造一个所谓的“发起仪式”，即倒数计时5、4、3、2、1，这个时候，我们内心的默认想法就被打断了，而它的出现会刺激大脑的前额皮质，也就是负责行动和注意力的部分，促使我们做出行动。

以运动这件事来说，我想踏上跑步机开始30分钟的有氧训练，但通常我不会马上去做，而是会萌生出其他的想法：晚点再运动行不行？我能不能坚持跑下来？之后，我就可能把这件事往后拖，甚至放弃这一天的训练，安慰自己说休息一下也无妨。

在这件事情上，我的需求是通过运动换得健康的身体，但这种需求与行动之间，却不是直接关联的关系，它们中间还隔了一层“我的感受”。如果在产生需求的那一刻，我开始倒数计时：5、4、3、2、1，那么感受就被刻意屏蔽了，需求与行动则被直接关联起来。这个步骤，就是在夺回我们对自己的控制权。

其实，需求与行动之间的关系本来就很简单，通过行动去满足需求，仅此而已。

就像现在的我，意识到自己每天要完成至少5000字的稿件时，那我就会在默念5、4、3、2、1之后，立刻打开电脑。也许，空白的Word文档可能让我产生短暂的不适，但它也会迅速唤起我对文字的记忆，我的记忆神经会自觉给予心理暗示：现在该写稿了，那么，我要确定什么样的主题跟立意呢？渐渐地，我就会进入写作状态。

是不是“5秒钟法则”太过简单？是的，很简单。但，我们的人生就是由一个又一个的5秒钟组合而成的，也是因一个又一个5秒钟浪费掉的，怎么选择全由你来定。

## 39 启动是最艰难的一件事，越往后拖就越不想做

只有投入，思想才能燃烧。既已开始，完成在即。

——【极简便签】

从网上购买了十几本书，准备利用假期时间为自己充充电，结果这些书堆在书架上，和买来时一样，只是多了些灰尘？

从体育用品店买来一副昂贵的羽毛球拍，想要锻炼身体，结果两只球拍只是挂在墙上做摆设，自始至终都没有用过？

从乐器店买了一把吉他，想自学乐器，丰富业余生活，结果吉他长期被装在套子里，待在家里的某个角落，压根不曾拿起？

那些想要做、需要做的事情，总是一拖再拖，囤积于心。待某一天，恍然回首，发现时间一直在流逝，自己却一直在蹉跎，

留下的只有那些从未发挥出价值的旧物。

我们说过，极简强调不囤积。当你在房间里发现了一件无用的物品时，最好及时将其处理掉，以为那些真正有用的物品腾出空间。

处理事情与处理物品，如出一辙。如果不能在关键时刻及时做出决定或行动，把该解决的问题拖延下去，只会给自己带来更大的麻烦。因为，那些没有解决的问题，会由小变大、由简单变复杂，像滚雪球那样越滚越大。当我们意识到问题的严重性时，往往已经为时太晚。此时，再着手去解决问题，会比之前更加困难。

该解决的问题、该完成的任务，任何时候，都不要推迟。最好的处理办法就是，现在就做。在开始一项工作前，面对空白的内容和计算机屏幕，任何人都会觉得非常有挑战性。然而，就这项工作而言，“开始”是最难的一件事，可又是必须要做的。一旦真的开始做了，创意就会不断涌现，思路也会慢慢清晰，越是拖延着不做，就越是想要逃避，心里越是烦躁。

曾经听过一位艺术家讲述他的经历：每一个闪现在脑海里的想法，他都不会轻易放过。一旦有新的灵感，他立刻就会记下来，哪怕是在刚刚梦醒的深夜，也会坚持这样做。在此之前，他也有过拖延的问题，但最后他发现：立即去做自己一直拖延的事，就会发现拖延根本没有必要。只要行动起来，就是一个好的开始，它能带动自己着手做更多的相关事情。

歌德说过：“只有投入，思想才能燃烧。既已开始，完成在即。”

心若改变，态度就会跟着改变；态度改变，习惯就会跟着改变；习惯改变，性格就会跟着改变；性格改变，人生就会跟着改变。我们应该意识到，小问题囤积着不解决，最终都会变成大问题。当我们下定决心，这一刻就去处理该解决的问题时，改变就在发生。

## 40 减去不太重要的事，把更多的精力专注在一个目标上

专注的本质，就是去除繁杂，把精力和时间用在最值得、最重要的事情上。

——【极简便签】

每次看到极简风的日式家具，都不禁会对“工匠精神”感到动容。

为什么工匠精神如此动人？想来，是因为两个字——专注。

匠人们把职业融入生命，始终秉持着“一辈子做好一件事”的态度，日复一日重复着同样的工作，带着一份绝对的信仰，沉默而不彷徨。

20世纪伟大的家具设计师之一汉斯·韦格纳，就是一位值得敬仰的工匠。他一生中设计的椅子超过500件，被誉为“当代坐具

艺术大师”，也被称为“椅子大师”。

这个出生在安徒生故乡的工匠，一生都在践行自己说过的话：“去做人们认为不可能的事是一种挑战。一把椅子没有正面背面，所有的侧面和角度都是漂亮的。”

韦格纳所有的热情都来自木头，他与木头之间建立了一种类似亲人般的关系。

从记事时起，他就对木头非常痴迷，他不像其他孩子一样喜欢奔跑嬉戏，而是更热衷于把村里废旧的老木头房子拆掉，用那些老橡木的碎料制作和雕刻船只模型。他的父亲是一位鞋匠，这样的成长环境和经历也让他早早认识到了工具和注重细节的手工艺技能的重要性。他曾经说过，自己的父亲闭着眼睛都能熟练地使用工具。

13岁时，他成为一个细木工匠的徒弟，从师两年后成为一名技术纯熟的细木工匠，15岁那年开始设计自己的第一把椅子。他说：“当我是一个学徒的时候，我带着浓厚的兴趣去工作，甚至在停工后就会感到失落，几乎不能等到明天的到来。当我完成一件作品，把它装上车运到顾客那里时，那种感觉简直太棒了。”

后来，韦格纳开始不满足于仅仅做一个细木工匠，不断高涨的设计热情，像是为他加装了助推器，让他对更加广阔的世界蠢蠢欲动。随后他去了哥本哈根，在那里的工艺学校学习，毕业后受邀为奥尔胡斯城市大厅设计室内陈设品与装饰物。几年后，他开设了自己的工作室。

韦格纳的设计，几乎没有生硬的棱角，转角处都会处理成圆滑的曲线，给人一种亲近感。1947年，他设计的“孔雀椅”被放置在联合国大厦。他一生创作了超过500件椅类作品，是最优秀的家具设计师中最高产的一位。人们说起他的作品，往往会用“永恒”“不朽”的字眼来形容，而他一生也都在专注于创作。

在嘈杂浮躁的环境里，能有多少人像韦格纳一样，认准了一件事，便全身心地投入其中，数十年如一日默默地耕耘着，只为内心的热爱而专注，只为做好一件事而努力？做椅子的工匠很多，但像韦格纳一样的匠心大师却是难得。

任何的成功都不是偶然的，任何行业、任何市场都是博大精深的，需要用一辈子的经历去钻研和奋斗。我们所看到的大师级的人物，都只是他所在的那个领域内的大师。真正的大工匠，就是把一件事做精做透，日复一日，年复一年。

还记得那位发明奇迹苹果的老人木村阿公吗？

他的苹果不施农药，不用肥料，却比任何高级品种的苹果都甜；一个切成两半的苹果，放两年都不会腐烂，它只会慢慢缩小，最后变成淡红色的小干果。在此之前，也有人尝试过无农药、无肥料的栽培技术，但都是尝试了四五年后就放弃了，而木村阿公却苦撑了11年。在这期间，他根本没想过收入的事，完全沉浸在各种实验中。后来，木村阿公的故事被写成了一本书，名字就叫——《这一生，至少当一次傻瓜》。

极简主义告诉我们，少即是多。专注的本质，就是去除繁杂，把精力和时间用在最值得、最重要的事情上。渴望拥有一切，往往会一事无成；什么都想做，往往什么也做不好。

人的一生会有很多梦想和欲望，在选择的同时必然得放弃，而我们要学会的是认真区分并减去那些不太重要的事，把更多的精力专注在一个目标上。

男高音歌唱家帕瓦罗蒂的父亲曾告诉他："如果你想同时坐在两把椅子上，你可能会从椅子中间掉下去，生活要求你只能选一把椅子去坐。"

身处这个琳琅满目、四处都是"椅子"的世界，我们也需要认真思量，精心挑选，选最适合自己的那把"椅子"。如此，人生的道路才会变得清晰、简单，而我们成长、成功的步伐也会随之加速。

41

# 每一个极简主义者，都不会要求自己面面俱到

当所有的想法都围绕着一个点，不去思考与之无关的任何东西，自然能收获一份平心静气。

——【极简便签】

蒲松龄在《聊斋志异》里写过一句话：“痴于艺者技必精，痴于书者书必工。”

这句话意思是说：对技艺专心致志，技术就精通；对书法专心致志，书法必然漂亮。任何一个渴望有所成就的人，都必须学会专心，多方下注只会浪费精力，到头来一无所获。

每一个极简主义者，都需要专注的精神。但，究竟什么是专注呢？

说起这个词，可能不少人都觉得老生常谈，但实际真正理解

的却不多。专注是一种境界，是必须能把自己的时间、精力和智慧凝聚到所要干的事情上，从而最大限度地发挥积极性、主动性和创造性，去实现个人的目标。受到挫折、诱惑的时候，能够不为所动，勇往直前。

陶艺家露西惠，生于维也纳，活跃于伦敦，一生都在专注一件事，那就是陶艺。

从20岁开始，露西惠就在维也纳工艺学校学习陶艺，23岁在维也纳成立自己的陶艺工作室，一步步成为顶级陶艺家。直到88岁第一次中风，她才不得不停止工作。她用一生的时间去做陶艺，创作生涯长达60年。

从一个美丽的女孩，到满头华发的老人，照片里呈现出的是岁月的印记，但露西惠专注和清澈的眼神，却始终未变。她的专注和坚持，甚至已经浸润到了生活中，比如跟朋友聚会，她一次只约见一个朋友。她说，这样才能专注于跟别人谈话。

露西惠的作品，看似平静如水，但都散发着异常澎湃的感染力。

她的理念透着淡淡的极简风："所有的一切都无须被附加太多，那些陶碗如此，生活也如此。"显然，她拥有的不仅是工匠的手艺，还有一颗心无旁骛的匠心。

人的欲望和涉及面多了，心思和精力就会分散，内心的志向就会被遗忘或衰退，而志向和目标不明确就使自己变得糊涂，自然很难成就事业。那些学有所长的木匠师傅，最初都是从拉大锯开始，一拉就是两三年。看似没什么技术含量的事情，为什么要花费那么久来做？其中一个重要的原因，就是让心平静下来，去掉急功近利的浮躁之心。

对我们芸芸大众而言，如何才能在工作中秉持极简与专注呢？我想，还是应该从广义和狭义两个层面来说，前者更倾向于对人生和职业的规划，而后者更倾向于做事的方法。

广义上说，要专注于一个领域、一个行业、一门技术。人的精力毕竟是有限的，穷尽全力往往也很难掘得真金。在有限的生命里，能够专注于一个专业，朝着一个目标做精、做深，比那些多才多艺的人更容易做出成绩。

狭义上说，要专注一件事，认真不分心。卡耐基在对100多位在其行业获得杰出成就的成功人士进行分析之后，发现了一个事实：成功人士都具有专注于一件事情的优点，至少在一段时期里要专注于一件事情。这，带给我们什么启示呢？

·不要把精力同时集中在几件事情上。

一次只做一件事情，一个时期只设定一个重点。思考最大的敌人就是混乱，把心力分散在太多事情上，会降低效率。把一件事情出色地完成后，再去按照轻重缓急的顺序解决下一件事。如此，便不会因为事务繁杂，理不清头绪，顾此失彼。

· 在同一时间专注地做一件事。

现在的社交软件种类繁多，很多人坐在工位上的第一件事，不是查看工作计划，而是打开社交软件和网站，或是一边工作一边聊天，晃晃悠悠一天就过去了，工作效率很低，甚至完全游离在工作状态之外。

要解决这个问题，就必须排除所有的干扰因素，抵制任何分散注意力的东西，在规定的时间内完成你的任务。待完成了手上的工作后，再花十分钟来休息，此时不妨换换思路，看看网页消息、处理邮件等。

法国哲学家福柯在写给儿子的信中说道："世界上最大的浪费，就是把宝贵的精力无谓地分散在许多事情上。人的时间、能力和资源都是有限的，不可能面面俱到。"

很多时候，我们所谓的累，多半都不是身体上的累，而是心累。若能像工匠一样简单、专注、细致，所有的想法都围绕着一个点，不去思考与之无关的任何东西，自然就能收获一份平心静气。

42

## 摒弃干扰与杂念，简朴换来的是内在的安宁

浅尝辄止、见异思迁，除了让我们收获不到成功的果实，还徒增了我们身心的负累。

——【极简便签】

日本大阪有一位83岁的“煮饭仙人”，五十多年就专心煮好白米饭，专心致志、心无旁骛，结果名扬四方。极简主义，要的就是这样的精神。倘若什么都不愿舍弃，是很难专注于一件事情，也很难在某个领域里出类拔萃、独树一帜的。

居里夫人曾经这样形容自己：“我在生活中，永远是追求安宁的工作和简单的家庭生活。”她很珍惜时间，舍弃了庸俗无聊的交际，把更多的精力用在科学研究上。

居里夫人的父亲曾经要送给她一套豪华家具，但被拒绝了。

原因很简单，有了沙发和软椅，就要有人去打扫，在这方面花费时间太可惜了。为了不让闲谈的客人坐下来，她的会客厅里只放一张简单的餐桌和两把简朴的椅子，甚至都没有添置第三把椅子。舍弃了多余的家具，简朴的生活设施给了她安宁的空间，让她远离了人世的侵扰和盛名的渲染，最终攀登上了科学的顶峰，阅尽另一种瑰丽的人生风景。

无独有偶。科学巨匠爱因斯坦，也是这样一个人。

少年时期的爱因斯坦在瑞士生活，由于经济拮据，他对物质的要求并不高，一份意大利面就能让他很满足。为了躲避纳粹的迫害，他移民到了美国。当爱因斯坦到普林斯顿的高等科学研究所工作时，当局给他开出了很高的薪水，年薪大概有1.6万美元。

谁也没想到，在这样的高薪面前，爱因斯坦却说："这么多钱？能否少给我一点，3000美元就够了！"周围的人大惑不解。爱因斯坦解释说："依我看，每个多余的财产都是人生的羁绊，唯有简单的生活，才能给我创造的原动力。"

他舍弃了高薪，远离了对物欲和时尚的追求，有了更多的时间和精力，全身心地投入自己的事业中，并取得了巨大的成功。他在物理学上的成就，几乎影响了20世纪科学技术的发展。

太阳普照着万物，可任它再怎么发光发热，也很难点燃地上的柴火。如果拿着一面小小的凸透镜，只要让一小束阳光长时间地聚集在某个点上，即使在最寒冷的冬天，也能把柴火点燃。可见，强大的力量分散在诸多方面，会变得毫不起眼；微弱的能量集中在一起，却能创造意想不到的奇迹。世界上所有令人瞩目的成就，都离不开心无旁骛的专注。

对我们而言，如何在生活中实现“简单”的境界呢？

·但行好事，莫问前程。

太渴望一件东西，太急于求成了，结果总是失望。很多盲目而急躁的员工，跟周围的人比薪水、比工作时间、比工作强度，一直心理不平衡，总是觉得自己干活多，拿钱少。有了比较，就有了失落，因为世界之大，总有人比自己“过得好”。

脑子里想着太多外物，总试图从中获得什么，往往就会不得所愿。越是着急想得到什么，越是怕失去什么，心里的压力和恐惧就会倍增。背负着重压，如何能放得开手脚？越着急，越紧张；越紧张，越失常，最后离目标越来越远。要做就只管做，把目光放得长远一点，得失放得开一些。

·排除干扰，摒弃杂念。

工作和学习的时间走神开小差，一个看似不起眼甚至被忽略的习惯，实则是平庸与优秀之间的分水岭。不重视工作时间与效率，不能专注地做事，养成闲散怠慢的陋习，会错失很多的机会。

某知名企业办公室文员，做事很勤奋，每天都提前到公司，在办公室待了一年，就被升为经理助理。在新的岗位上，她没有松懈，每天还是第一个到公司，把任务清单上的工作内容看一遍，清楚当天的工作内容，提前把需要的文件打印好。当别人踩着上班的时间走进公司时，她已经把一切准备就绪，专注地开始一整天的工作了。

她的电脑桌面，除了一系列办公软件，没有游戏、购物网站的界面，就连私人电话都很少接听。她说："我不喜欢在工作时被其他事情干扰，这会打断我的思路，影响工作的状态。"正因为此，她做事的效率很高。

在某一时段内，如果一个人围着一件事转，最后全世界可能都会围着他转；如果一个人围着全世界转，那么最后他有可能会被全世界所抛弃。浅尝辄止、见异思迁，除了让我们收获不到成功的果实，还徒增了我们身心的负累。

当你准备开始去做属于自己的"一件事"时，请全身心地投入其中，不要轻易放弃或改变。只有这样，才有可能在去繁就简的过程中体会到收获的快乐。

## 43 走出时间利用的误区，真正成为时间的主人

一个人会不会利用时间，不是看他做了多少形式上的努力，而是有没有能力让每一分、每一秒都产生最大的效益，在同样的时间内高质高量地完成要做的事。

——【极简便签】

在节奏飞快的现代都市，几乎每个人都渴望告别忙乱，有时间休闲娱乐，有时间陪伴家人，有时间看看世界。然而，现实中的缩影却是，多数人都沉浸在忙忙碌碌中，日程表始终是满的，似乎有无穷无尽等待完成的项目，根本没有时间做自己想做的事，甚至无暇看一眼生活中那些美好的瞬间。

我们不禁会问：这到底是为什么？德国著名的时间管理学家洛塔尔·赛韦特教授在《极简时间》里解释道：“这是因为我们陷入了时间利用的误区。”

按照正常的理解，一天工作8小时，每小时60分钟，算下来一天就算不工作480分钟，380分钟应该是不难保证的。然而，这样算到底对不对呢？现实中的1小时，究竟“有没有”60分钟呢？坦白说，没有。因为我们利用到的，往往只是重要的几分钟、十几分钟而已。现在，我们不妨通过一个实验，再测试一下：一天中究竟有几个小时是有效的？

找一个笔记本，把一天分成三个8小时的区域，再把每小时画成60分钟的小格。在一周的时间里，我们可以随时把自己所做的事情记录在表格里，连续做完一周，回头再来看，就会发现自己浪费了多少宝贵的时间。

时间是世上最公平的东西，它赋予每个人的分秒都是一样的，关键在于谁会利用。一个人会不会利用时间，不是看他做了多少形式上的努力，而是有没有能力让每一分、每一秒都产生最大的效益，在同样的时间内高质量地完成要做的事。

这也符合极简生活的真意。我们跑不过时间，就如同我们无法放大固定的房子，但可以学会有效地利用它们。那么，怎样才能走出时间利用的误区，真正地成为时间的主人呢？

下面有一些极简时间的理念，希望可以为你带来实际效用：

· 精打细算每一分钟。

犹太人把时间视为金钱，他们的工作经常以1分钟得到多少钱来计算。犹太人请人做事，工资也经常按小时来支付。在会见客人的时候，他们会恪守时间，绝不拖延；客人来访，一定要事先预约，不然会吃闭门羹。对于那些突然来造访的客人，犹太人是很不喜欢的，因为这样会打乱他们已经安排好的计划。

正是因为十分注重对时间的把握和利用，才让犹太人中出现了那么多商界精英。把时间精算到每1分钟，有利于充分安排和使用时间，短期内可能看不出什么效果，但长期积累，差距就会凸显出来。

·限制办事的时间。

我们在生活中经常会有懒惰心理，倘若觉得时间充裕，做事就会少一些紧迫感，注意力也会下降，效率随之降低。如果时间紧迫，担心自己完不成，便会自觉地催促自己加快办事速度，提高办事效率。

这就提醒我们，在办事的时候，可以限制一下时间，比如约见朋友，先说明自己有多少时间可支配，有了这个限制，大家就会认真交谈、直奔主题，避免了无谓的闲谈，让对话的效率提高。再如，打电话与人协商事宜时，不妨请对方在指定的时间内答复，以免浪费时间。

·用合作节约时间。

如果一件事情可以分割成几个小部分，找人合作、共同完成，那不妨一试。毕竟，个人的时间和精力有限，能利用别人的时间延长自己的时间，能将简单烦琐而又不重要的事务，交给一些新人去做，既减轻了自己的负担，也锻炼了新人的能力。

生活是属于你的，时间也是属于你的，你有权决定如何去运用它。当我们把时间当作生命馈赠给自己的礼物，善待它、善用它时，它会让我们拥有更多美好的体验。

## 44 多不意味着快和好，以质量代替数量来实现高效

越想把什么都做好，越是手忙脚乱，什么都做不好。

——【极简便签】

时间会有终点，生命会到尽头。很多时候，我们都期待自己做事面面俱到，事事优秀，想让人生的每个阶段都在别人的掌声和鲜花中度过。很遗憾，这完全不是人力可为的。真相往往是这样的：越想把什么都做好，越是手忙脚乱，一事无成。

既然精力有限，就要学会极简时间，认真地思考一下：什么事情必须做好？什么事情可以做好但是不那么紧急？什么事情紧急但是不那么重要？什么事情可有可无？然而，勇敢地放弃那些不重要的事，把更多的时间投入到自己认为最重要、最能让自己

获得收益的事情上。这看起来似乎并不太难，但实际操作时，却需要我们人为地去判断，去筛选。

假如每天只让你做一件事情，可能你会全力以赴，做到最好。假如每天有二十件事让你去做，那么你能做好的可能只有一两件，能做成的大概只有五六件，其余的，要做好就需要你有相当超人的能力了，或者你可以选择直接放弃。

W是我在培训机构里带过的一个新人，她性格开朗，勤奋好学。可刚工作不久，她就觉得自己心力交瘁，疲惫不堪，且很小的事情也做不好。有时候，明明事情在计划之内，却还是不能按时完成。这样的状况，让W很苦恼，她经常加班。即使这样，还是不能把工作处理好。屡遭批评之后，W很受打击，觉得自己很难适应工作的节奏。

我意识到了W情绪低落，就借助一天下班后的空闲时间，约她吃晚饭。

席间，谈起工作，我和W分享了一些经验："有时候，你做了挺多的无用功。比如，早上有几份文件根本就不需要处理，可你不但细致地记录下来，还一一做了详细的回复，那些东西对我们的工作是没多大帮助，你把时间浪费了这些没有用的事情上。今天上午，经理交给你的那份报告才是最重要的，你把不重要的事当要事来处理，把重要的事情丢在一边，下班之前不能够干完活，肯定就得加班。”

“但是，那些邮件不需要处理吗？”W为自己辩解着，她还是想把所有的事情都做好。学校时期养成的自我要求的性格，促使她不放弃任何事情。

“可以处理啊，等你闲下来的候，你可以给自己一些空白时间来处理未完成的事情。时间是有限的，你应该学会合理地分配时间，把握时间，而不是事无巨细。即使是有足够经验的老员工，他也不能事事都处理得完美无缺。试想一下，假如公司给你一百万去做投资，你愿意把一百万分成许多份，每一份都赚一些小钱，然后积少成多，还是拿一百万做一个大的项目，一次性获取最大的效益？”

“当然是做一个大项目了。”W毫不犹豫地回答。

“这就对了，当你把这些钱分成小份的时候，你需要对每一项目都有足够的时间来实施并加以管理。那么你投资一个大的项目的时候，就会集中精神专心做这一件事。当你把这一件事情做好的时候，你就是成功的。事事都要求完美，最后什么也做不好，还不如给自己制订一个详细的计划，找出工作重心在哪里，这就足够了。”

当我们不能很好地掌控时间，不能认真地把握自己的能力时，就会让自己陷入一种“忙不完”的状态中，自然也会让自己产生“我很没用”的想法。

“可以支配的时间就是财富本身”，马克思经过许多年的研究得出的结论，值得我们深刻思考。一寸光阴一寸金，寸金难买寸光阴，时间是一种巨大的财富，合理地利用时间就是对财富的合理利用。在合理的时间内，合理地做好适当的事情，自然就能获得高效。越是什么都想做好，越是什么也做不好。

数量不代表质量，满足于“数量”而非“质量”，是个令人担忧的问题。把“数量”堆积起来像小山一样，会得到别人的肯定吗？不会，没有人因为你的这些忙碌而理解你、赞赏你，他们只会看你做成了什么，而不是看你做的过程是怎样的。

多，并不意味着快和好，更不一定能赢得成功。有时，我们需要做得少一点，精一点。面对多个任务时，学会取舍，以质量代替数量，做好真正的高效。

## 45

## 借助番茄工作法，找到工作与休息之间的平衡点

当我们开始做一件事情的时候，注意力呈曲线状，等到过了最集中的那个点，注意力就很容易被外在因素分散，此时就需要片刻的中断，然后开启新的一段努力。

——【极简便签】

为了“挤”出时间，很多人会选择把大规模的任务集中到一起解决，心想着辛苦过后就能迎来彻底的放松。无奈，想象总是很美好，我们误以为自己可以承受长时间、高强度的工作状态，但身体不会撒谎，累的时候大脑根本不听使唤，这并非意志力可以解决的问题。

面对堆积如山的工作任务，有没有什么办法，能让我们既可以高效工作，又不至于把自己搞得身心俱疲呢？答案是，有。弗朗西斯科·西洛创立了一个简单易行的时间管理法，即“番茄工

作法”，它可以帮助我们在工作与休息之间找到那个平衡点，最大效率地完成任务，且不会过于疲惫。

具体来说，“番茄工作法”的内涵是：选择一个待完成的任务，将番茄时间设置为25分钟，专注工作，中途不允许做除了工作以外的其他任何事情，直到时钟响起，然后在纸上画一个*表示休息5分钟，如此轮回四次可以多休息一会儿。如果中途不得已被打断，则需要重新开始计时。

很多人感到好奇：为什么“番茄工作法”有如此神奇的魔力呢？

其实，这与我们人体的运行机制有关。当我们开始做一件事情的时候，注意力呈曲线状，等到过了最集中的那个点，注意力就很容易被外在因素分散，此时就需要片刻的中断，然后开启新的一段努力，第25分钟就是那个最合适的时间点。

越是繁冗复杂的任务越是让人心生焦虑，而“番茄工作法”可以有效改善这一点。我们的心中会始终有个信念：只要我按部就班地做下去就一定可以完成任务，原本规模浩大的目标被分解成了一小段一小段，只要完成了眼下的25分钟就可以，而这真的很容易做到。

在平常的学习或工作中，我们难免会被身边各种各样的事物打扰到，“番茄工作法”其中有一项机制就是：当任务不得已被打断时，终止计时，重新开始一段番茄时间。试想：25分钟本就是一个不算长的时间，一般人是愿意屏蔽周围一切专心致力于工作的。

需要注意的是，“番茄工作法”中提到的时间长度设置并非要固定不变，25分钟只是一个建议时间，每个人可以根据自己的工作习惯和体能状况调整。计量时间的工具也不一定要用专门的“番茄钟”，可以用普通的时钟、手表或是沙漏，但不建议用手机，因为手机本身也是一种干扰。久而久之，借助番茄工作法，你就会形成劳逸结合的工作节奏。

# 46 追求内心想要的东西，以自己喜欢的方式过一生

清楚自己想要的东西，想做的选择，哪怕是一条少有人走的路。避开了纷繁和拥挤，更容易澄清内心，与自己好好地相处。

——【极简便签】

在灯红酒绿、诱惑万千的世界，很多人迷失了自己，或因内心的欲望，或因外界的干扰。

极简生活，就是一个不断拷问内心、澄清事实的过程：这件物品对我来说有没有保留价值？这个人是我发自内心愿意去交往的吗？这个决定是我遵从内心所作的吗？

有时候，我们明确自己的需求，同时也得到周围人的认可，这个时候就很容易坚持自己的信念，义无反顾地走下去。但有时候，我们知道自己想要什么，但周围却传入了不同的声音，出于

迎合讨好、顾虑忌讳，抑或害怕遭人诟病，就藏起了自己真实的感受，默默地选择了随波逐流，而烦恼的种子却就此落在了心里。

生活累吗？或许，不那么轻松。但，更多的疲惫与痛苦，不是生活本身造成的，而是我们内心的困扰。大千世界，可选择得太多，而选择的能力并没有得到提升。知道自己想要什么，却碍于他人的看法，不敢遵从内心做选择，让简单的生活徒增了许多烦恼。

坚定自我，有时会孤独，但能接受这份孤独，换来的就是平静。倘若心不定，不断被他人的言辞影响，选择随波的一刻是很安静，但随后荡起的涟漪，却迟迟难以平复。

极简主义者，大都有一个共性，就是做自己认为正确的、有益的事，别人做与不做，别人喜不喜欢，与他们无关。这不是因为他们觉得这样的行为可以改变世界，而是他们本身不愿意被外界所干扰、所改变。

看过《百家讲坛》的朋友，对易中天教授肯定不陌生。他的演讲风格就是干脆利落，绝不拖泥带水，说话斩钉截铁，且声情并茂，有一种大师的魅力。他从来不特意去迎合某些人的品位，而是以独特的风格吸引人。

科普作家阿西莫夫专注于写作，一生创作了470部著作，将教授的职位抛掷脑后。有人说他“自我膨胀得像纽约帝国大厦”，可他的回应却是“除非有人证明我说的仿佛很自负的事实不属实，否则我就拒绝接受所谓自负的指责”，而后继续坚持按照自己的方式做事，毫不谦虚。事实上，他坚持自我狂妄的个性，仍具有巨大的令人信服的力量。

稻盛和夫在《活法》里讲过“决不随波逐流、死守原理原则”：面前有两条路，选哪一条？当你彷徨时，我劝你摆脱一己的私利，选择那条“本来该走的路”，即使是一条布满荆棘的路——勇敢地选择“不圆滑”“不得要领”的生存方式。

说到这里，想起我的一位高中同学。他大学毕业后，一直从事软件工程师的工作。这个职业非常辛苦，经常要加班加点，且大家觉得搞技术的远不如做管理的升职快。他周围的一些同事，在做了两三年的技术后，都纷纷转行了，或是调到了其他部门，而我这位老同学就一直钻研技术，每天跟程序打交道。

一次小聚时，他告诉我，有人劝他去做销售，说只要有能力，绝对比做技术要赚钱。我问他怎么想，他说：“可能在别人眼里，我这个人挺‘轴’的，但我就是喜欢做程序，一辈子做点喜欢的事，不是挺好的吗？人不用活得太复杂，简单点挺好。”

放眼望去，追赶奔跑的人太多，停下来思考的人太少。

我们真的有必要想一想：自己到底想要什么？对自己而言什么是幸福？别人的看法与自己的观点有什么不同？只有对这些问

题有足够明确的判断，才不会被常识和他人的言辞影响，让自己丧失判断力，最终丧失生活的选择权和掌控权。

清楚自己想要的东西，想做的选择，哪怕是一条少有人走的路，可避开了纷繁和拥挤，却更容易澄清内心，与自己好好地相处。日本电影《小森林》的主人公小森，一个生于农村的平凡女孩，也曾到都市闯荡，却无法适应快节奏的生活。最终，她听从内心的声音，选择回归家乡，过起“日出而作，日落而息”的田园生活。

乡间的景色，亲手做的一蔬一饭，无忧无虑的人生。

这样的生活，何尝不是另一种美好?

## 47

# 爱要亲密有间，给自己的生活留一点空白

把关注的焦点收回到自己身上，抛开物品本身与自己相处，发现自我的内在价值。

——【极简便签】

生活中，你可能也听说过这样的故事桥段：女人很爱男人，为他放弃了出国的机会，为他拒绝了高富帅的追求。每天上班，她都忍不住要发微信，把自己在公司里的大事小事第一时间告诉他。下班时，她会提前开车到他单位门口，两人一起吃晚饭，然后恋恋不舍地分别。

谁都看得出，女人对男人的爱很深，可男人心里却有说不出的苦。

男人总是对朋友说，不在一起的时候会想她，可在一起的

时候却又很烦她。周末我想去打球，她却缠着我陪他逛街；下班我想跟哥们聚聚，她却非要跟着，不让抽烟，不让喝酒，特别扫兴。好几次，男人想提出分开一段时间，可话到嘴边又咽下，他知道女人对自己是真心的，他也怕错过了这个美好的眼前人。可是，她的爱，实在太沉了。

两个人虽然还在一起，可明显跟过去不太一样。

他变得沉默寡言，冷冷淡淡。她问什么，他只是轻声应和，没表情，没心情。可一听女人说要出差几天，他却变得很殷勤。女人怀疑，他是爱上了别人……在无休止地质问与吵闹后，他被迫撒谎宣称，就是爱上了别人，两人以分手告终。

……

电影《后会无期》里有一句话："喜欢是放肆，而爱是克制。"

我不知道，大家对这句话有怎样的理解？在我的认知层面，"放肆"就是过度，把爱当成一种欲望，甚至是占有与缠绕；"克制"则是有所收敛，保持一个恰到好处的距离。

整天做厮守状的夫妻，比较容易产生敌视与轻视情绪，毒化婚姻的品质。再美的东西看久也会腻，相爱的两个人也需要适时地保持一点距离。这份距离，不一定是地理上的距离，分隔两地，而是彼此之间在心灵上要有一点空隙。

真正的爱是有弹性的，彼此不是僵硬地占有，也不是软弱地依附。相爱的人给予对方的最好礼物是自由，两个自由人之间的爱，拥有必要的张力。这种爱牢固而不板结，缠绵却不黏滞，犹如半糖主义。

每个人都在自己的轨道上行走，但那并不影响我们与他人相爱，只要在停下来的那一刻，“你”在我身边就好。再亲密的两个人，也要给自己的生活留下一点空白。

早年读安妮宝贝的《蔷薇岛屿》，始终记得里面的一段话：“最好的爱情是两个人彼此做个伴。不要束缚，不要缠绕，不要占有，不要渴望从对方身上挖掘到意义，那是注定要落空的事情。而应该是，我们两个人，并排站在一起，看看这个落寞的人间。”

人与人之间的关系很微妙，太远了是一种疏离，太近了却令人窒息。特别是爱情这件事，占有并不等于幸福，太过用力的爱就像火焰，随时都会被风吹灭。与其那么用力，不如简单一点，轻松一点，不温不火、自由微甜，一切都刚刚好。

48

## 用最精准的语言表达，不耽误沟通双方的时间

有话则短，无语则不讲。

——【极简便签】

极简，就是削减繁冗，实现少而精。

这一理念，不仅适用于物品与人际关系，也适用于言语表达。尤其是在人多的场合里，话说得太多，而又缺少相匹配的价值，无异于在浪费他人的时间和精力。

有一次参加工作坊，中午集体聚餐，大概十三四个人。大家之前都不认识，没有任何交集，只是在课程中有分组活动，有一些简单的了解。中午休息的时间是2个小时，但这么多人吃饭，上菜也需要时间。借助中间的空档，就有同学提议，让大家做一轮

自我介绍。

清楚地记得，在倒数第二位同学开始发言时，菜基本就上齐了。这位姐姐40岁出头，从事人力资源管理工作，先介绍她的姓名、职业，接着又开始讲述她为何要参加这次的工作坊。实际上，前面的同学做介绍时，大概也是这些话题，但时间基本上控制在1~2分钟。

然而，这位姐姐似乎越说越兴奋，后来直接谈起了自己未来的职业规划（与工作坊课程相关），丝毫没有意识到，饭菜已经好了，大家的眼神已经从一开始的期待和赞许，变得麻木或分散。直觉告诉我，大家心里多半都在想：说得太多了，时间太久了，饭菜都凉了，下午还要上课……大概三五分钟后，这位姐姐总算结束了她的自我介绍，众人也礼貌地给予了她掌声和鼓励。

轮到最后一位同学了，她早就看到了大家脸上的神情，更知道大家那一刻的心情，于是就言简意赅地说："我叫XX，我就想说一句话：开饭！"说完之后，在座的人全都笑了，为她的幽默，也为她短小精悍的发言。这些笑容，都是发自内心的，因为大家的需求被看到了，也在短短的几秒钟得到了满足。

其实，临场的自我介绍，就涵盖着极简表达的艺术。

从心理学上讲，每个人都只关注与自己有关的事物，滔滔不绝地去谈论"我"，会让听的人感到厌倦，特别是在互不相熟的环境中，多数人都会觉得——你与我，似乎没什么关系。在我看来，好的介绍是让别人知道你是谁，你擅长什么，在未来的日子里，可能会跟在座的人产生什么样的交集，在哪方面有共赢的可能？

当天，有一位来自深圳的伙伴，长期从事心理学方面的公益演讲活动。我相信，那天所有的同学都记住了她，因为她是这样说的："我叫XX，来自深圳，从事心理学公益已有10年时间。很高兴能认识大家，我可能在心理学专业知识上不够精深，但如果今后有哪位同学希望从事公益活动，或是想练习演讲磨课，我可以免费为大家提供一些资料和经验。"

这样的表达，非常简单，效果却又出奇的好。原因就是，"我"和"你"被连在了一起，认识"我"，听"我"说，并不是在浪费你的时间，也许这是一个合作的机会，也许会牵扯出更多可洽谈的话题。总而言之，多数人都不会反感这样的自我介绍。

想做到极简表达，既不耽误沟通双方的时间，又能让自己颇受欢迎，还是需要讲究一些方法和技巧的。关于沟通和表达方面的书籍，建议大家平时可以阅读一下，毕竟内容繁多，三言两语很难讲透。不过，有些原则倒是值得一记：

· 事先组织好语言，一句话可以说完的，尽量不要说两句，强调重点和主次。

· 削减繁冗的语言，少用重复的语句，用最简单的话直奔主题，表达自己的看法。

· 当众讲话避免长篇大论，空洞无物，短小精悍的内容，更令人回味无穷。

· 简明扼要地切中要害，说高效的话，说对方在意的内容，才能打动人心。

· 最重要的决定和思想，要提炼出来做一个总结，放在最前或最后。

· 说话要有条理，最好列出1、2、3……层次清晰，眉目分明。

如果你有更多的心得，也可以继续补充，总之一句话：有话则短，无语则不讲。

## 49 说话是为生活增加价值，而非制造负面情绪和压力

如果说出来更有益，就可以表达；可说可不说，或弊大于利，就闭口不言。

——【极简便签】

言多必失，这句话我们都听过。所谓“失”，就是指失误、失控，代价也很明显，说错话的人心里自责，听了错话的人心里不舒服，双方都会感受到那种别扭的氛围，以及因此产生的人机交往压力。

S在一家外企任职，工作能力无可厚非，唯独人际关系如坚冰，没有能说上话的同事。

刚入职时，她在商务中心做接线员，因为口语出众，很快就被调到了人力资源部做人事专员。升职加薪，无论在哪个公司，

都是常见的事，低调地享受自己付出换来的回报，不是挺好吗？偏偏，S摆出了一副不可一世的样子，举止投足间都透出一股傲气。

人事专员主要负责招聘等事宜，每次有新人来面试或者办理入职，她必定会在背后指责新人的不足：“枉她还是重点大学毕业，六级都没过”“穿着打扮真让人无语，怎么走进这写字楼的”“让她填个信息，问东问西的，自己不知道想想吗？”

最初，同事听到这些话，也还礼貌性地做出一点回应。可谁都知道，背后这样议论别人不是什么好事，况且人家学历高低、穿衣品位如何，都是人家自己的事，多说无益。渐渐地，办公室里就只剩下S盛气凌人地标榜自己、贬低别人的声音。

言多必失，此话一点不假。

有一次，S在“评议”新来的秘书时，被上司听到了。上司对待工作向来严谨，他欣赏S的能力，但更欣赏处世低调的人。他私下告诉S，新来的秘书不是“英语太蹩脚”，她的英语水平足够做同声翻译，只是她向来低调，不喜欢炫耀。上司还透露了一些令S意外的事：新来的秘书，父亲也在这家公司上班，是总部的营销总监。

听到这些，S顿时就不说话了。面对上司，再想到新来的秘书，她只觉得脸上发烫。这种感觉，就像是在班门弄斧，被人贻笑大方。她觉得自己了不起，处处高调炫耀，却不曾想在这样的时候，自认为的那点高傲，已经成了别人眼中的肤浅。

山不凸显自己的高度，却依然耸立云端；海不解释自己的深度，却依然海纳百川；地不炫耀自己的厚度，却依然没有谁能取代它承载万物的地位。话说得太多，会给人一种浮躁之感，同时也很容易因说错话而平添麻烦。

说，应该是给生活增加价值的，不应该是负面情绪和压力的来源。

生活和工作要处理的问题已然不少，与其去八卦、争辩、抱怨，不如节省精力去做好自己的分内事。因说错话而备受压力，不如改变一下自身的习惯，多听少说，用极简思维思考一下：我要说的话到底有没有实际意义？我说的话会不会给自己和周围人带来麻烦？如果说出来更有益，那就可以表达；若是可说可不说，或弊大于利，那就闭口不言。

50

## 在所有的语言中，唠叨是最没有意义的

极简，不仅仅是创造整洁舒适的生活空间，也需要营造一个可呼吸的心理空间，适度的关爱与适时的沉默，不可或缺。

——【极简便签】

75年前，法国的拿破仑三世——拿破仑·波拿巴的侄子，爱上了德伯女伯爵玛丽·尤琴，并和她结为连理。尤琴是个美丽的女人，当拿破仑三世的顾问挑剔尤琴的身世只是不显赫的西班牙伯爵之女时，拿破仑三世不满地反驳道：“那有什么关系？我从未见过她这样的高雅、迷人的女士，就算全国人民反对，我也不后悔。我爱上一位我敬重的女士。”

拿破仑和他的新娘，拥有财富、名利、地位、美丽、爱情和敬仰，俨然是浪漫爱情的极佳典范。可惜，这场爱情的圣火并没

有燃烧多久，就只剩下了灰烬。虽然拿破仑让尤琴做了皇后，倾尽全力去爱她，可他无法阻止一个可怕的梦魇——尤琴的唠叨。

在嫉妒和猜疑的怂恿下，尤琴无视拿破仑的命令，甚至不允许他有个人隐私。有时，拿破仑在处理国事，她也会肆无忌惮地冲进他的办公室，或者闯进他的书房，大发雷霆。不仅如此，尤琴还会经常到自己的姐姐家唠叨哭闹，埋怨自己的丈夫。

贵为法国皇帝的拿破仑，享受着无尽的财富与荣耀，却没有一处清净的安身之所。不过，尤琴的唠叨也没换来什么好的结果。莱哈德的巨著《拿破仑三世与尤琴——一个帝国的悲剧》中道出了这段婚姻的结局：

“从此以后，拿破仑经常三更半夜在一个亲信的陪伴之下，从一个小侧门悄悄溜出去，用一个小软帽遮住双眼，真的去找一位正在等他的美貌女士；或者去游览巴黎这座古老的城市，欣赏神仙故事中连皇帝也见不到的街道美景，呼吸本来应该拥有的自由的空气。”

坐在皇后宝座上的尤琴，拥有着美丽与尊贵，可这一切都无法抵挡喋喋不休的破坏力，在唠叨声中，爱情与美好荡然无存。可以说，唠叨是破坏关系的所有恶毒手段中，最可怕的一种，它就像毒蛇的毒液一样，侵蚀着生活的围城。

无论是婚姻关系，还是亲子关系，都需要独立和自由的空间。如果总有人在你耳边重复同样的话，抱怨与指责喋喋不休，给你制订各种条条框框，你会不会感到疲倦？极简生活，不仅仅是创造一个整洁舒适的生活空间，也需要营造一个可呼吸的心理空间，适度的关爱与适时的沉默，都是不可或缺的。

如果你觉得某件事情很重要，大可心平气和地与对方商谈，在理智与平静的情况下，利用相互信任和合作来消除它。一定要明白，用酸的东西去做诱饵抓苍蝇，永远没有用甜的东西那么有效。切忌把自己变成一个唠叨的人，多用温和的方式达到自己的目的，该沉默的时候闭上嘴，生活才会平静安详。

51

## 生活里的许多美好与价值，就藏在简单的事物中

美好不一定都要用金钱和物质堆砌，在一些细微之处去繁从简，一样可以感受到幸福与满足。

——【极简便签】

有一次患了感冒，连续四五天都食之无味。那种口中苦涩无味，又想找回嗅觉和味蕾的渴望，促使着我中午跑到商场的连锁餐厅，分别去尝了一些不同的食物，如拉面、馄饨、小炒。在当时的状态下，我根本顾不得去思考一道菜是否做得好吃，我只关注吃进去之后，能否唤醒我的味蕾。

很遗憾，全都失败了。回到家后，疲惫的我，用多功能锅熬了一点稀米粥。

睡了一觉后，天已经快黑了。我打开电锅，粥已经熬好了。

盛了一小碗热热的稀粥，又自己拌了一份银耳黄瓜。没想到，一口粥咽下去，觉得它是那么好喝，有股大米本身的甜味，也有米汤的浓稠，从嘴巴到喉咙再到胃里，都能感受到它的温热。干燥的嗓子觉得被滋润了，胃也感受到了温暖，再吃一口清淡的黄瓜银耳，顿时觉得碾压了中午所点的一切外食。

那一刻，忽然想到了苏东坡说的话："人间有味是清欢。"

生活中的很多美好和价值，都蕴藏在简单的事物中，只是经常被我们忽略而已。就像生病的时候，误以为口味浓重的食物，可以唤醒味蕾的敏感度，却没料到最终"治愈"自己的，竟是一碗清淡的白粥。

以前喜欢尝试各种奶茶、果茶和其他饮料，似乎冬天只有奶茶才能温暖自己，夏日唯有酷爽的碳酸饮料才能解暑。喝得多了，却发现许多喜欢的口味，也渐渐开始让自己生腻了，特别是改变了饮食习惯以后，再去品尝那些奶盖和果茶，即便是要了半糖，依然觉得喝过之后，口中有不舒服的黏腻之感，加之超高的热量，更是对身体和皮肤没什么益处。

现在居家或出门，会随身带一个喜欢的保温杯，里面或是盛放简单的温开水，或是淡淡的纯花草茶。这样的天然饮品，入口时没有那么刺激，喝进去却让身心都感觉舒畅。夏天里，一杯淡淡的绿茶最能解暑，缓解口渴的持续时间，也远胜过加了糖分和添加剂的饮料。

一杯白水，一杯清茶，简简单单、经济实惠，却可以加速身体的新陈代谢、调节体温、输送养分及清洁身体内部，还可以让皮肤保持充足的水分，延缓衰老。美容和养生，不是涂抹了多少高档护肤品，而是要内外一起调养。

为了让自己养成运动的习惯，在过去的十年里，为自己办了数张健身卡，也购置了不少家用的健身器材。然而，残酷的事实告诉我，它们的存在并没有真正帮助到我，因为在我的脑海里，始终认为运动是一件需要强制执行的活动，过程无比痛苦。结果就是，健身卡、健身器材都成了无用的摆设，白白浪费了不少的金钱。

偶然的一天，我看阳光很好，发自内心地想出去走走。然后，就一个人快步走到了附近的郊野公园，人很少，绿树葱葱，顿时心情也变得很愉悦。不知不觉，我就走了5公里，身体微微出汗，回到家后洗了一个热水澡，清爽神怡。

就是从那天开始，我发现运动可以是不痛苦的，可以是一种主动选择，而我们要去感受的，也恰恰是运动带来的乐趣，而不是将其视为一种健身或减肥的工具。任何事情，一旦掺加了被迫的成分，都会让人难以坚持下去，因为不是发自内心的喜欢。

现在我的卡包里，已经没有健身卡了，我只是每天下午写完稿子之后，出去快走一圈，时间和距离都没有固定的限制，累的时候就走3公里，状态好的时候就走6公里，不给自己做硬性的规定，只是单纯地享受这种便捷、简单的有氧运动，感受它带给我的快乐。

生活中，类似这样的事情还有很多，比如：每周自己动手洗一次车，权当是运动；短途距离的出行，选择走路或骑车；用爬楼梯代替乘坐电梯；自己栽种一盆蔷薇，经常可以嗅到鲜花的香气……总之，美好不一定都要用金钱和物质堆砌，在一些细微之处去繁从简，我们一样可以感受到幸福与满足。

52

## 幸福感的提升，得益于发现身边的小确幸

> 幸福并不是什么奢侈品，它可以是很小很小的一件事。
>
> ——【极简便签】

小资女木棉，经营着一家美式乡村风格的咖啡馆。

经典的乡村音乐，让走进咖啡屋的人顿时感到轻松。

木棉说，她爱字，爱音乐，爱情调。这间咖啡屋是她的生意，也是她的栖息地。

提及她的咖啡情缘，她给我讲了这样一段往事——

那是七年前的事了。我下班后，去了朋友推荐的咖啡屋。一下车，真的完全被浓郁的咖啡香吸引了。马路对面是一片青草绿地，混合着这股香气，让我感觉一天的疲倦都消失了。也许，我

骨子里就是一个爱浪漫的人，我总觉得，闲暇的时候去喝咖啡，是宠爱自己的方式。

咖啡屋的木把手是木头的，玻璃门上挂着一块木质的牌子，上面刻着一行英文：Coffee and Life。进去之后，感受到的是橘黄色的灯光，看到的是五颜六色的咖啡包装袋，墙上和地上都印着咖啡文化。我第一次觉得，咖啡竟然可以这样美。

晚上，咖啡店里的客人进出不断，老板特意播放着比较欢快的爵士乐。我找到了一个角落坐下，点了一杯摩卡。这里的服务生很有特色，不是普通的雇员，而是喜欢情调、喜欢咖啡、喜欢美语的自由职业者。原来，这家店的老板是一个美国小伙。服务员耐心地给我介绍着咖啡文化，说每种豆的不同口味，并且根据我的口味帮我挑了一款偏甜的豆。可以说，又是一次惊喜，我除了可以挑选咖啡的种类，还可以挑选不同的咖啡豆。

品着咖啡，听着音乐，望着降临的夜幕，灯火辉煌的街头，一种惬意感、幸福感油然而生。工作的烦恼，生活的压力，在这一刻都化为了乌有。我有点爱上这种感觉了，一杯咖啡快喝完了，我却意犹未尽。我突然觉得，这不仅仅是喝一杯咖啡，而是在享受一种氛围，一种情调。更重要的是，比起逛街购物犒劳自己而言，这种慢节奏的放松，让我的心更平静。

从那天起，我就想开一间自己的咖啡屋。我不是随意说说，也不是为了逃避生活而突然萌生的念头。之后，我就开始利用业务时间学习有关咖啡的知识，也经常来这间咖啡馆和热情的美国老板交流，他很好，教了我很多东西。两年之后，我利用这几年的积蓄，外加向父母借来的一些钱，开了自己的咖啡屋。

坐在这里，看着柔和的光线从墙上精致的壁灯里流泻出来，耳边响起清新的乡村民谣，轻轻地诉说着纯粹的情怀。在这样的氛围里，来一杯浓香的咖啡，让夹杂着苦涩的芬芳传遍身体的每一个细胞……那一刻，我觉得，生活真美好。

这，就是一杯咖啡的故事，再简单不过。

然而，简单之余，透出的却是一种宠爱自己的方式，一份细腻绵长的情思。

我喜欢把这样的生活片段，叫作“小确幸”。

幸福并不是什么奢侈品，它可以是很小很小的一件事，可能是吃到一份精致可口的蛋糕，可能是看到落日余晖的灿烂晚霞，可能是收到心仪之人送的礼物……只是，当我们被欲望包裹得太久，就忽略了这些生活中的小心动、小惊喜。

多花点时间去感受生活中的小幸福，我们更容易被幸福感染。因为心理学上有一个定律：当你一直期待某件事情发生，它就真的会发生。因为在不断“想”的时候，也会不断给自己心理暗示，推动着你不由自主地往这方面努力，并花费更多的精力去关注与之相关的事情。

去感受身边的小确幸吧！当你这样做的时候，你会发现，幸福就在身边，从未远离。

53

## 没有时间来慢生活，就会有充分的时间来生病

一味地追求速度，往往使精神时刻处于紧绷的状态下，无暇享受片刻美好的生活。

——【极简便签】

有一次，我在超市看到一袋剥好了的又白又饱满的瓜子仁，很是诱人，就买了回来。

一路上，没出息的我，盯着那袋“白白小仁”垂涎三尺。到家后，早已是按捺不住，抓了一把就往嘴里送，心想着：直接吃到嘴里可真好，这速度不知比嗑瓜子剥皮要快多少，这种“不劳而获”的感觉，真让人畅爽。

但，当满把的瓜子仁在口中被咀嚼时，我却怎么也品不出平时一颗颗嗑来的香味。再来一口，依然是这种感觉，完全没有了

无穷的回味，也就没有了再吃的兴趣。

为什么一样的瓜子，被“加速”剥出来后，吃起来反而不香了呢？

想来，我们平日里嗑瓜子，慢慢而不经意间就嗑出了一种悠闲。边吃边聊，感受的是那个“慢步”的过程。而现在，面对这样已经嗑好了的瓜子仁，省略了最重要的过程，吃到嘴里自然也就没有那个味了。

很多时候，我们就是在一步步看似慢的过程中感受到了生活的甜酸苦辣，如此，人生才充满了乐趣。过于直接地把结果“加速”地摆到面前，反倒索然无味了。

假如生活是一趟单程列车，那么中途必然需要休整，就像是这趟列车长途跋涉时一个个小小的车站，我们需要在那里加水、加煤、检修。一味地追求速度，往往使精神时刻处于紧绷的状态下，无暇享受片刻美好的生活。

在这个凡事讲求快速的现代社会，每个人的脚步都像是时钟上了发条，分秒不停地向前奔跑。成年人串场于各类觥筹交错的饭局，周旋于高谈阔论的聚会，争前恐后地加入考试考证的行列；爱玩的孩子没了周末，要学英语、数学、才艺……所有人的日程被排得满满当当，身心却越来越郁郁寡欢。

我们总觉着，多辛苦一点就能早点实现理想，早点开上自己的车子，住进舒适的房子，登上高薪的位子。在这种“美好憧憬”的压力下，逼迫着自己每天跑得快一点，再快一点。于是，不再留意春夏秋冬四季更迭的美丽，也不懂欣赏路边开满的花朵，还有秋日里飘零的银杏叶。脸上的表情变得单一和僵硬，该有的微笑全都流失掉了，周围的环境和人群，变得那样陌生，那样浮华与腐朽。

想起之前的某段时间，我完全被工作侵占了，每天早起晚睡，脾气异常暴躁。待那个项目完结后，我内心忽然感到一阵难过：当生活里只剩下完成任务这一件内容时，“我”在哪儿呢？是的，我把自己弄丢了，我为自己感到难过。

披头士的灵魂人物约翰·列侬说：“人，如果没有时间来慢生活，那么他会有充分的时间来生病。”话说得有点刻薄，却颇有道理。多少不断苛求自己、不断忙碌的人，已悄无声息地丢失了快乐，甚至在微笑的面孔下藏着一颗抑郁的心，何去何从，无人知晓。

极简主义生活的倡导者信奉一点：生活的羁绊，从来都是自己的生活方式造成的。美好的东西，都是需要慢下来、静下来，才能品味出美感的。生活也是一样，如果不了解自己的真实需要，盲目地跟随他人的脚步和节奏，追捧世俗中的“成功标配”，就会让自己变成奔跑的“奴隶”，因为一切的努力都不是为了满足自己的需要，而是为了过上别人眼中的“美好的生活”。

其实，别人说好的，未必真的适合你，我们要选择的，是真正适合自己的生活方式。诚然，我们不可能让世界慢下来，但所幸的是，我们至少可以让自己的脚步慢一点。

这种慢，不是慵懒和拖沓，而是在快节奏的生活中设置减速器和转换器——即要在快速和缓慢之间找到一种可贵的平衡，找到适合自己的节奏。

这种慢，是让自己驻足在一个没有过去、没有将来，只有现在的地方。当我们停止疲于奔命的时候，就会发现生活中原来还有那么多未被发掘出的美。

## 54 一个人与食物的关系，映射着 TA 和自己的关系

吃食物之前，学会跟自己的内心对话，了解自己真实的生理感受和心理感受，而不是盲目地把食物塞进嘴里、平添负担。

——【极简便签】

在过去的五年里，我一直在跟“情绪性进食”抗争。难过沮丧的时候，我不是很有胃口，也不太会选择用吃的方式去缓解。可一旦焦虑来了，我就彻底沦陷了。

从生理层面解释，人在压力状态下，身体需要皮质醇来维持正常的生理机能，如果没有皮质醇，身体没办法对压力做出有效反应。所以，当工作压力袭来时，大量的皮质醇就开始刺激我们的食欲，让我们想摄入高糖高脂的食物，继而使大脑“上瘾”。

每每这个时候，我会放纵自己，开始情绪性进食，通过进

食来安慰自己、抚慰情绪。就像网络上调侃得那样：“好像没有什么是一顿火锅不能解决的，如果不能，那就两顿。”对这种行为，我美其名曰地宣称：“唯美食不可辜负。”

然而，吃到胃里的食物，并没有助我解决真正的问题，反而让痛苦加剧了。

偶尔放纵地吃一顿，是多数人都有过的行为，但情绪性进食的害人之处在于——暴食后的自责与愧疚心理。那是一种沦陷的失控感，好像你已经无法掌控自己的生活，明知道自己不是真的饿，却忍不住往嘴里塞东西，然后自暴自弃，恶性循环。

极简生活的核心，是舍弃不需要的东西。

显而易见，情绪性进食是完全违背极简理念的，它不仅没有做到任何的筛选和精简，反而不假思索地给身体制造负担。那些进入胃里的食物，原本就不是身体真正需要的，囤积多了的直接结果就是体重飙升，再久一点就是面临高血脂、高血糖等慢性疾病。

其实，人与食物的关系，就是人与自己的关系。

情绪性进食的那些年，我对食物不存在精挑细选的过程，也不考虑自己是否真的需要，只是想获得暂时性的安慰与发泄。食物完全就是填充情绪的坑洞，我在不知不觉中吃进去很多，而身体的消化机制很虚弱，无法消化那些食物。于是，它们就混合着压力，给我的内心又添了一份痛苦。显而易见，那时候的我，根本不爱惜自己，也不重视自己的感受。

告别情绪性进食，是一个漫长的过程，前后大概花了五年的时间。个中艰辛不去赘述了，简单来说就是，在吃食物之前，要学会跟自己的内心对话，去了解自己真实的生理感受和心理感受，而不是盲目地把食物塞进嘴里，平添负担。

现在，当我感受到压力与焦虑袭来时，我会努力想办法去缓解它。当然，为了避免情绪性进食，我开始尽量避免自己陷入到这种状态中。换句话说，我知道自己能够承受什么，不堪承受什么，量力而行。即便有些合作项目价格给得很高，可当我预感它会给自己的身心造成巨大压力时，我依然会选择拒绝。

人生当有取舍，不能什么都想要，扪心自问哪一样东西于自己而言最重要？是金钱，还是可控的生活节奏？我发自内心想要的是后者，因为有许多东西是金钱换不来的，至少对我来说是这样的。要牺牲身体健康、有序的节奏，承受巨大的压力，就算最后拥有了那笔费用，但过程中我所失去的，却再无法挽回。

再见了，情绪性进食；再见了，忽略感受的自己。未来的日子，就这样轻轻简简，做自己真正喜欢的工作，顺便赚点儿钱，不用太多，能支撑起够得着的、身心舒适的生活，我已很满意。因为这样的日子，每天都是平静的、踏实的，没有任何的负担与罪恶感。

## 55 不辜负美食并非尽情地吃，而是认真对待每一份食物

把食材视为有生命的事物，细致认真地去制作，不敷衍、不糊弄、不贪快、不图多，只求最终做出来的东西，能让食材发挥出它最大的价值。

——【极简便签】

你一定听过这句话：“唯爱与美食，不可辜负。”

这真的是一句听起来就透着幸福的句子，让人感觉生活是有温度的，日子是可期的。因为，世界那么大，美食那么多，都值得我们好好领略。于是，就有了一幕幕这样的画面：

“我要去旅行，我要吃遍天下的美食。”

“我最喜欢比萨，今天的自助餐要吃个够。”

“就算没人陪，一样可以点各种好吃的来满足自己。”

“哇，还剩下这么多菜，不能辜负了它们。”

“……”

也许，还可以补充更多的情景，因为它们就真实地发生在我们身边。

我们时常以为，不辜负美食，就是要尝遍天下所有的美食；或是，只按照口欲来选择食物，喜欢的东西就尽情地吃；实现“光盘”策略，不让盘子里剩下任何的食物……如若不然，似乎就枉费了食物存在的意义。

这，真的是敬畏食物、不辜负美食的全部内涵吗？

我想，应该不止于此。

日本女导演河濑直美拍摄过一部影片名叫《橙沙之味》，其中有一段制作红豆沙的情景，最打动人心，她把对待食物与对待人生的态度巧妙地融合在一起。影片中，老人教铜锣烧店的老板制作豆沙馅料，她一颗一颗地淘洗，仪式感十足地等待豆子浸泡数个小时，聆听它们在水中翻滚的声音……与其说这是技巧和经验的传授，不如说是一次禅修与悟道。

把食材视为有生命的事物，细致认真地去制作，不敷衍、不糊弄、不贪快、不图多，只求最终做出来的东西，能让食材发挥出它最大的价值。用最简单的话来说，让每一种食物，让每一道工序，都呈现出它应有的样子。

或许，我们没有那么多的时间精力像匠人一样去熬红豆沙，但我们可以选择用其他的方式去认真对待每一份食物，不辜负，也不浪费。

· 不囤积食物，尽量保证少而鲜。

以前去超市购物的时候，我总喜欢买一周的量，赶上有特价的商品，更觉得划算。现在回想起来，完全是一种错觉。事实上，囤积的食物并不一定会全部吃完，很多都是囤在冰箱里坏掉了，最后被丢进垃圾桶。特价商品买的时候便宜，但放置期限更短，囤积更是错误的选择，除非家里人口多，第二天可以全部吃掉。

现在我已经改掉了囤积食物的习惯，若非必要，就在家门口的便利店，买一两天的量。每一顿饭，就只做这一顿的量。这样的话，每一种食物都能被端上饭桌，每一顿饭吃到的都是新鲜的美食。

· 点菜以够吃为准，需要再添加。

外出吃饭是现代人不可避免的一项社会活动，如果不是特殊的商业活动，只是和亲近的人外出就餐，点菜时尽量克制“一次多尝几个菜”的想法，根据就餐人数、菜量大小，点够吃的菜量，尽量不剩菜、不打包，如果感觉不够，可后期再添加。

这样的话，也可有效避免浪费，且不需要在下一顿时吃不新鲜的食物。

·细嚼慢咽，认真品尝食物的味道。

前段时间看了一本书，主题就是“学会吃饭”，对想减肥、想改善饮食习惯的人来说，都有帮助。实际上，它提倡的是“正念饮食法”，就是让我们停下来，培养知觉，感受当下。

就像我前面提到的，在情绪性进食的那些日子里，我没有用心去感受食物的味道，或者说我根本不知道自己为什么而吃，只是觉得吃点东西能让情绪稍微好一点。但你知道，这已是对食物的一种辜负，你根本没有享受到它的美好。

不辜负食物，不在于吃多少种类，吃多少量，而在于品尝它的味道，让每一份入口的食物，都能在味蕾中停留，散发出绵长的满足感。就如最寻常的米饭，你能否在吃第一口饭的时候，触到它的温度，嗅到它的饭香味，感受到它的软硬度，以及米饭本身的香甜味道?

其实，当我们这样做的时候，就在改善那些不好的习惯。因为，食物带来的满足感不会一直持续，当你感觉到，十分钟以后，你所咀嚼的米饭没有之前那么“好吃”了，那就说明你已经解决了饥饿的生理问题，它在提醒你，是时候要放下筷子了。

身体犹如一间屋子，食物是维持生活的物品，从这个角度来诠释，多真的不意味着好，选择自己真正喜欢的、需要的、能承受的，好过无意义地囤积。唯有认真对待每一份食物，感受到它的价值所在，才是对食物真正的热爱与不辜负。

## 56

## 品尝食物本身的味道，感受清淡饮食的舒适感

让所有的食材都保持最本真的风味，保留最大的营养价值，降低脾胃消化的消耗。

——【极简便签】

备受情绪性进食困扰的那些日子里，我经常吃一些高糖、高油、口味重的食物，以至于有一周的时间不吃辣的，都感觉食而无味。即便知道那样的习惯不好，并因食用的油盐太重，导致每天清晨起来手和脸都浮肿，却还是屡禁屡犯。

真的很庆幸，那些日子已彻底成为过去。说起其中的一段转变历程，还要感谢一位营养师朋友，精心为我搭配了21天的饮食清单，让我循序渐进地改掉对身心无益的饮食方式。为了方便坚持，她也给我推荐了一些健康的速食，比如奇亚籽燕麦片，饱腹

感很强，膳食纤维丰富，早起泡上30~50克，再搭配一小块牛肉，或是一根低热量的鸡肉肠，既满足了身体所需，盐分、油脂和热量又不高。

这个饮食计划进行了半个月左右，我明显感觉自己的口味开始发生变化。在此之前，我已经很久不吃黄瓜了，总觉得它寡淡无味。可是，当我吃着一份粗粮精做的鸡肉饭，配上一根削了皮、切成小段、不加任何佐料的黄瓜时，竟觉得那清爽的味道，吃进去真是舒服。

除了黄瓜，我还开始热衷于那些绿叶的蔬菜，如菠菜、生菜、油菜，做法都很简单，洗干净后放盘，加一点点的蒸鱼豉油，微波炉蒸上3分钟即可。平日工作忙的时候，不用开火，搭配一份速食的燕麦，一块现成的鸡肉肠，5分钟的时间，就成就了一顿健康的午餐。

渐渐地，我开始习惯了这样的饮食方式，偶尔外出吃饭时，再尝餐馆里的饭菜，不免会感到油大或是过咸，于是再去光顾的时候，会提前说明要少油少盐。当然，因口味的变化，我外出就餐的次数也开始减少，更多的时候，都是吃自己亲手做的饭菜。

几乎所有人都知道，吃清淡的饮食对身体健康有益。不过，对于清淡二字的理解，很多人还是存在误区的，总觉得清淡就是只吃菜、不吃肉，一日三餐都要食素，且菜还只吃水煮的，不加任何的油和盐。

其实，这是曲解了清淡的真意。清淡，不单单指食材的种类，还包括食材的烹饪方式。比如，鸡胸肉是蛋白质，水煮鸡胸肉配上菜与油醋汁，做成一道沙拉，依旧属于清淡的饮食。如果用大量的油去炒青菜，这样的青菜也不算清淡的饮食。

真正的清淡，是指在膳食平衡、营养合理的前提下，口味偏于清淡的饮食方式。这也符合极简的理念，减少炒、爆、煎、炸、烤等烹饪方式，尽量选择清蒸、白煮、凉拌等，少加调料，让所有的食材都保持最本真的风味，保留最大的营养价值，降低脾胃消化的消耗。

这样的饮食，更能给人带来祥和、宁静和健康。